Diplom
Deutsch
in Japan

［編著］恒吉良隆

［五訂版］

音声
ダウン
ロード

独検対策

対策

4級・3級 問題集

白水社

─── 音声収録箇所 ───

［4 級編］聞き取り試験
　　過去問（第 1 部，第 2 部，第 3 部）
　　例題 1（第 1 部，第 2 部，第 3 部）
　　例題 2（第 1 部，第 2 部，第 3 部）
［3 級編］聞き取り試験
　　過去問（第 1 部，第 2 部，第 3 部）
　　例題 1（第 1 部，第 2 部，第 3 部）
　　例題 2（第 1 部，第 2 部，第 3 部）
吹込者：Marei Mentlein / Thomas Meyer / 一色令子
録音時間 54 分

装丁　志岐デザイン事務所
公益財団法人ドイツ語学文学振興会許諾出版物

まえがき

　皆さんは，ドイツ語をいまどのような形で学習なさっていますか？——大学・高専・高校でドイツ語を勉強中の方，あるいは以前に学習経験のある方，語学講座・研修などを受講中の方，趣味的にコツコツと勉強されている方等々，ドイツ語を学ぶ形態も動機も，その学習期間も各人各様だと思います．

　さて，公益財団法人ドイツ語学文学振興会が実施している「ドイツ語技能検定試験」（独検）は，皆さんがいまどのような形でドイツ語を学ばれているにせよ，その能力を確実に向上させるためのたいへんよい機会を提供しています．また，この独検は自分のドイツ語の到達度を測るためにも，格好のバロメーターと言えるでしょう．言うまでもなく，語学の学習には学ぼうとする動機づけや目標設定，到達度の自己チェックがたいへん重要なことです．めざす目標があれば，それが一歩一歩前進するための推進力ともなり，その結果として必ずやドイツ語能力の総合的な実力アップにつながるでしょう．

　本書は，そのような独検対策のための心強い「助っ人」になることを念じて編集されました．過去二十数年の独検問題4級および3級の出題傾向を詳細に分析したうえ，文法事項を中心に主に発音，文法，会話文，読解文，聞き取り，基本単語集などを軸にして構成されています．詳細については，6ページの「本書の特長と利用法」をご覧ください．

　なお，本書には聞き取り対策用として，ネイティブスピーカーの吹き込んだ**音声データ**が付いています．繰り返し聞けば，本番に向けての対策だけではなく，聞き取り（リスニング）の訓練にたいへん役立つでしょう．大いに活用してください．

　世はまさにライセンスの時代です．皆さんが本書を活用することにより，独検の「合格証書」(Diplom Deutsch in Japan) を手にされんことを，そしてまた，目ざす目標点に到達されんことを，心から祈っています．

2023年5月　　　　　　　　　　　　　　　　　　　　　著　者

3

目　次

本書の特長と利用法

　本書は，「ドイツ語技能検定試験」（独検）4級および3級を受験するための必須事項が，着実に効率的に学習できるように編集されています．

　本書の構成は，次のとおりです．

　　第1部　独検4級対策編

　　第2部　独検3級対策編

　　第3部　独検4級・3級対策基本単語2000（4級対策は太字）

第1部および第2部について

　次のとおり，それぞれ4つの章から成り立っています．

　　第1章　検定基準と受験対策／受験情報　　　第3章　会話文と読解文

　　第2章　発音と文法　　　　　　　　　　　　第4章　聞き取り

第1章を除く各章各節には，それぞれ過去二十数年の独検に出題された，いわゆる**過去問**をまず掲げています．これを解いてみることによって，それぞれの級のレベルと出題傾向を確認することができます．

　過去問には，それぞれ**ヒント**が示してあります．次の欄の**解答**にすぐ目を移さないで，必ず自分で問題を解いてみてください．特に**学習のポイント**で解説している文法事項その他については，各項目の知識が十分に身についているかどうかを，よく点検しましょう．

　次に，それぞれの事項に応じた**練習問題**があります．その多くが実際の独検の問題を想定して問題が作られていますので，これらの例題を解くことによって，ドイツ語の力が確実にアップするはずです．もし練習問題がよく分からない場合は，学習のポイントをもう一度チェックしましょう．

　なお，**練習問題の解答**は，まとめて巻末に載せてあります．

第3部について

　独検4級および3級に出題が予想される**基本的な単語2000語**が掲載されています．そのうち，太字の単語はおもに4級レベルの，最も重要な1000語です（あくまで一応の目安です）．さらに，それに次いで重要な1000語が掲げてあります．3級を目ざす場合は，これら計2000語（これも一応の目安）を中心に，ドイツ語の基本的な語彙をしっかり身につけましょう．各単語の前の□欄は，皆さんがいろいろ工夫して，暗記用に適宜ご利用ください．

6

第 1 部　独検 4 級対策編

■ 第1章　4級の検定基準と受験対策／受験情報 ■

Ⅰ　4級（Anfängerstufe）の検定基準

　皆さんはきっと，独検4級の合格のためにはどの程度のドイツ語の力があれ
ばいいのかな，とお思いでしょう．

　そこで，ドイツ語技能検定試験（独検）を主催している公益財団法人ドイツ
語学文学振興会が公表している「4級検定基準」をご紹介します．

> ■基礎的なドイツ語を理解し，初歩的な文法規則を使って日常生活に
> 　必要な表現や文が運用できる．
> ■家族，学校，職業，買い物など身近な話題に関する会話ができる．
> ■簡単な手紙や短い文章の内容が理解できる．
> ■比較的簡単な文章の内容を聞き，質問に答え，重要な語句や数字を
> 　書き取ることができる．
> ■対象は，ドイツ語の授業を約60時間（90分授業で40回）以上受講
> 　しているか，これと同じ程度の学習経験のある人．
> ■語彙1000語

Ⅱ　4級の受験対策

　この検定基準は全体的にやや具体性に欠けるところがありますので，本書で
は，過去二十数年の独検問題を十分に検討して，4級レベルで必要と思われる
語彙・構文，特に文法項目の範囲を絞り込んでいます．従って，次に示す(1)〜
(6)の事項に沿ってドイツ語学習を進めることが，最も有効な対策でしょう．そ
れぞれについて，具体的な対策と学習法を示しておきます．

(1)　発音

　　日頃から声を出してドイツ語を発音するように心がけましょう．そうすれ
ば，自然と正しいアクセントや発音が身につきます．

(2)　初歩的な文法

　　目次（☞4ページ）をご覧いただければお分りのように，文法項目の範囲
はかなり限られています．これらの範囲内の文法については，しっかり復習

をしておいてください.

(3) 日常的な会話文

簡単なあいさつや紹介, 意志疎通ができるように, 練習しておきましょう. 何よりまず,「ドイツ語で話してみよう」という気持ちを持つことが大事です.

(4) やや長めの読解文

分からない単語があったとしてもそれにあまりこだわらず, 文章全体の「意味の流れ」をつかむように, 心がけることです. 一方, 巻末の太字の単語 (1000 語) を中心に, 語彙数を増やす努力をしてください.

(5) 簡単な聞き取り

日頃からなるべく多くのドイツ語に耳を傾けるように心がけましょう. 文字として表されたドイツ語を頼りにせず, ドイツ語を聞いて, そのまま意味が伝わってくるようになればしめたものです.

(6) インターネット利用のドイツ語学習

ドイツ語の力を伸ばすために各種ウェブサイトアクセスして, 自分の力に応じたものを活用するとよいでしょう.

Ⅲ 4級の合格ライン：過去の実績では, 総得点のおよそ60％です.

Ⅳ 受験情報

■試験日程：夏期試験(6月第4曜日)／冬期試験(12月第1曜日)［予定］

■試験内容：筆記 (60分)／聞き取り (約25分, 一部書き取りを含む)

■併願：5級と4級, 4級と3級は併願が可能です.

■独検の実施要項／検定料／試験地・試験場／出願方法などについては, 公益財団法人ドイツ語学文学振興会の独検ウェブサイト https://www.dokken.or.jp をご覧ください (インターネットによる出願もできます).

［2023年6月1日現在］

■なお, 上記のサイトではドイツ語学習に役立ついろいろな情報が入手できますので, 上手に活用するとよいでしょう.

第2章 発音と文法

① 発音

(過去問) 次の(1)～(6)の条件にあてはまるものが各組に一つずつあります. それを下の1～4のうちから選び, その番号を解答欄〈省略〉に記入しなさい.

(1) 下線部の発音が他と異なる.
   1 gi<u>b</u>t   2 hal<u>b</u>   3 Her<u>b</u>st   4 sie<u>b</u>en

   ('19年冬)

(2) 下線部の発音が他と異なる.
   1 Bu<u>ch</u>   2 Mäd<u>ch</u>en   3 Österrei<u>ch</u>   4 Kir<u>ch</u>e

   ('08年秋)

(3) 下線部が<u>短く</u>発音される.
   1 b<u>ö</u>se   2 L<u>ö</u>we   3 <u>Ö</u>l   4 zw<u>ö</u>lf

   ('17年夏)

(4) 下線部にアクセント (強勢) が<u>ある</u>.
   1 best<u>i</u>mmt   2 <u>I</u>nteresse   3 pr<u>i</u>vat   4 Z<u>i</u>trone

   ('21年夏)

(5) 下線部にアクセント (強勢) が<u>ない</u>.
   1 <u>A</u>bend   2 <u>a</u>ntworten   3 <u>A</u>pril   4 intere<u>ss</u>ant

   ('08年春)

(6) 問いAに対する答えBの下線の語のうち, 通常最も強調して発音される.
   A: Entschuldigung, gibt es hier einen Supermarkt?
   B: Ja, da <u>hinten</u> <u>finden</u> <u>Sie</u> einen <u>Supermarkt</u>.
   1 hinten   2 finden   3 Sie   4 Supermarkt

   ('22年冬)

(1) 語末や音節末の b, d, g は [p, t, k] と発音します：例) halb [ハルプ]，
Herbst [ヘルプスト]／und [ウント]，Abend [アーベント]／Tag [ターク]，
Berg [ベルク]

(2) ch の発音
a) a, o, u, au の後では [x]：例) Nacht [ナハト]，doch [ドッホ]，Buch
[ブーフ]，auch [アオホ]，b) それ以外の場合は [ç]：例) ich [イヒ]，Recht
[レヒト]，München [ミュンヒェン]

(3) 母音の長・短の原則
a) アクセントのある母音の直後に子音が1個ある場合，その母音は長音
（例：haben ハーベン），b) アクセントのある母音の直後に子音が2個以上あ
る場合，その母音は短音（例：Gast ガスト），c) 重母音 aa, ee, oo は長音（例：
Saal ザール），d) 母音＋h のとき，その母音は長音（例：kühl キュール）.

(4) 外来語系のドイツ語は多くの場合，最後の音節か，最後から2番目の音節
にアクセントがあります.

(5) 月名の Jánuar, Fébruar, März, Apríl, Mái, Júni, Júli, Augúst,
Septémber, Október, Novémber, Dezémber のうち，April, Juli, August
については，英語の場合とアクセントの位置が異なるので注意しましょう.

(6) A:「すみません，ここらにスーパーマーケットはありますか？」B:「はい，
そこの裏手にスーパーマーケットがありますよ」という会話文です.

解答　(1) 4　　(2) 1　　(3) 4　　(4) 1　　(5) 3　　(6) 1

学習のポイント

単語のアクセントを正しく身につけるためには，日頃から，①声を出してド
イツ語を発音するように心がけましょう．また，②ドイツ語のアクセントは原
則として第1音節にあるのに対して（ただし，非分離動詞の前つづりにはアク
セントはありません．☞48ページ），外来語系の場合はアクセントが第1音節
にないことが多いので，それらを中心に覚えるとよいでしょう.

なお，3級対策編の発音の項（☞81～83ページ）に，外来語系の単語の具
体例を挙げていますので，ぜひご参考ください.

練習問題

例題 次の(1)～(10)の各組の語の中に，指定された条件に<u>あてはまるもの</u>が一つずつあります．それを下の１～４のうちから選び，その番号を○印で囲みなさい．

(1) <u>第１音節にアクセント（強勢）がある</u>．
　　1　herein　　2　gesund　　3　vielleicht　　4　plötzlich

(2) <u>第１音節にアクセントがある</u>．
　　1　zusammen　2　übrigens　　3　genau　　　　4　natürlich

(3) <u>第１音節にアクセントがある</u>．
　　1　Klavier　　2　Gitarre　　3　Orgel　　　　4　Violine

(4) <u>下線部の母音が長く発音される</u>．
　　1　schl<u>a</u>gen　2　f<u>a</u>llen　　3　<u>a</u>ntworten　4　t<u>a</u>nzen

(5) <u>下線部の母音が短く発音される</u>．
　　1　n<u>e</u>hmen　2　r<u>e</u>chts　　3　w<u>e</u>nig　　　4　M<u>ee</u>r

(6) Industr<u>ie</u> と下線部の発音が同じである．
　　1　Famil<u>ie</u>　2　Energ<u>ie</u>　3　Lin<u>ie</u>　　　4　As<u>ie</u>n

(7) hal<u>b</u> と下線部の発音が同じである．
　　1　<u>b</u>eide　　2　Her<u>b</u>st　　3　lie<u>b</u>en　　4　Fa<u>b</u>rik

(8) Mil<u>ch</u> と下線部の発音が同じである．
　　1　Bu<u>ch</u>　　2　dur<u>ch</u>　　3　Na<u>ch</u>t　　4　no<u>ch</u>

(9) h<u>ä</u>ngen と下線部の発音が同じである．
　　1　d<u>e</u>nken　2　K<u>ö</u>rper　　3　b<u>e</u>suchen　4　M<u>e</u>dizin

(10) se<u>chs</u> と下線部の発音が同じである．
　　1　nä<u>chs</u>t　2　wa<u>chs</u>en　3　na<u>chs</u>ehen　4　Ho<u>chs</u>chule

過去問 次の(1)〜(6)の文で（　　）の中に入れるのに最も適切なものを下の1〜4のうちから選び，その番号を解答欄〈省略〉に記入しなさい.

(1) Wie lange (　　) ihr schon in Japan ?— Etwa zwei Monate.
   1 bist　　　　2 sind　　　　3 sein　　　　4 seid
   ('05 年秋)

(2) Sein Onkel (　　) bald 100 Jahre alt.
   1 wird　　　　2 wirst　　　　3 werden　　　　4 werdet
   ('10 年春)

(3) Mein Bruder (　　) jeden Samstag sein Auto.
   1 waschen　　2 wäscht　　3 wascht　　4 wäschst
   ('15 年秋)

(4) Unsere Lehrerin (　　) uns jeden Tag Hausaufgaben.
   1 gib　　　　2 gibt　　　　3 gebt　　　　4 geben
   ('15 年春)

(5) Wann fährt der Zug nach Wien ?— Das (　　) ich nicht.
   1 weißt　　2 weiß　　3 wissen　　4 wisst
   ('11 年秋)

(6) Du (　　) sofort ins Bett gehen, Bernd !
   1 muss　　2 musst　　3 müssen　　4 müsst
   ('21 年冬)

ヒント (1)〜(3)については**学習のポイント①〜②**を, (4)〜(6)については**学習のポイント③〜④**をそれぞれ再チェックしてください. 特に(5)の wissen は, ich weiß, du weißt, er weiß という形に注意が必要です.
(6)**学習のポイント④**を確認して, それぞれの変化形を暗記しましょう.

　　　　解答　　(1) 4　　(2) 1　　(3) 2　　(4) 2　　(5) 2　　(6) 2

① 動詞は，ふつう次のような人称変化をします． 例：kommen

ich	komme	wir kommen
du	kommst (Sie kommen)	ihr kommt (Sie kommen)
er/sie/es	kommt	sie kommen

《参考》 ただし，次のような場合には発音の都合上，多少語尾が変則になります．

a) 語幹が -d，-t，-tm，-chn，-ffn などで終わる場合：

ich	arbeite	wir arbeiten
du	arbeitest (Sie arbeiten)	ihr arbeitet (Sie arbeiten)
er/sie/es	arbeitet	sie arbeiten

b) 語幹が -s，-ß，-tz，-z などで終わる場合：

ich	heiße	wir heißen
du	heißt (Sie heißen)	ihr heißt (Sie heißen)
er/sie/es	heißt	sie heißen

② 次の動詞（助動詞としても用いられます）は，上記①の原則とは異なる変化をします．最重要です，ぜひ覚えておきましょう．

	sein …である	haben …を持っている	werden …になる
ich	**bin**	habe	werde
du	**bist**	**hast**	**wirst**
er	**ist**	**hat**	**wird**
wir	**sind**	haben	werden
ihr	**seid**	habt	werdet
sie	**sind**	haben	werden

③ 重要動詞の不規則動詞のなかには，主語が単数2人称・3人称の場合に母音 e が i（または ie），母音 a が ä に変わる動詞があるので注意しましょう．

ich spreche	ich lese	ich fahre	ich laufe
du sprichst er spricht	du liest er liest	du fährst er fährt	du läufst er läuft

④ **話法の助動詞**は次のとおりです．主語が単数の場合に上記①の原則とは異る変化形になりますので，これを中心に覚えましょう．

	dürfen …してもよい	können …できる	mögen …だろう	müssen …ねばならない	sollen …べきである	wollen …するつもりだ
ich	darf	kann	mag	muss	soll	will
du	darfst	kannst	magst	musst	sollst	willst
er	darf	kann	mag	muss	soll	will
wir	dürfen	können	mögen	müssen	sollen	wollen
ihr	dürft	könnt	mögt	müsst	sollt	wollt
sie	dürfen	können	mögen	müssen	sollen	wollen

なお，話法の助動詞が定動詞として用いられると，**本動詞は文末**に置かれます．

Darf ich Ihnen **helfen**？　　お手伝いしましょうか？

Können Sie gut **schwimmen**？　　あなたは上手に泳げますか？

Er **muss** morgens um 6 Uhr **aufstehen**. 彼は朝6時に起きなければならない．

Willst du ins Kino **gehen**？　　映画に行くかい？

```
練 習 問 題
```
（解答は186ページ）

例題　次の(1)～(14)の文では（　）の中に動詞の現在形が入ります．最も適切なものをそれぞれ下の1～4のうちから選び，その番号を○印で囲みなさい．

なお，選択肢の中には，実際にはないのに，学習者が間違って用いる形も一部含まれています．

(1) Heute Abend（　　）wir zu Hause.

     1　ist　　2　seid　　3　sind　　4　bin

15

(2) （　　） Sie noch ein Zimmer frei?

    1　Hat   2　Haben   3　Habt   4　Habe

(3) Noch ist das Wetter gut, aber bald （　　） es schlecht.

    1　werde   2　werden   3　wird   4　werdet

(4) Das Flugzeug （　　） pünktlich in München.

    1　lande   2　landest   3　landet   4　landen

(5) Das Heft （　　） nur 50 Cent.

    1　koste   2　kosten   3　kostet   4　kostest

(6) Herr Müller （　　） das Fenster.

    1　schließe   2　schließen   3　schließt   4　schließet

(7) Wohin （　　） du? — Ich fahre nach Berlin.

    1　fahrt   2　fahren   3　fährt   4　fährst

(8) Ich spreche etwas Englisch, aber er （　　） gut Französisch.

    1　sprecht   2　sprechen   3　sprich   4　spricht

(9) （　　） du dort die Brücke?

    1　Seht   2　Sehen   3　Sieht   4　Siehst

(10) Er （　　） den Zug um 6.50 Uhr.

    1　nehmt   2　nehme   3　nimmt   4　nimm

(11) Kommt der Zug um 9 Uhr an? — Ich （　　） es nicht.

    1　wisst   2　wissen   3　weißt   4　weiß

(12) Frau Kobayashi （　　） ihre Tasche nicht finden.

    1　können   2　könnt   3　kannt   4　kann

(13) （　　） ich Sie heute Abend besuchen?

    1　Dürfen   2　Dürft   3　Darf   4　Darfst

(14) Ihr （　　） morgens um 6 Uhr aufstehen.

    1　müssen   2　müsst   3　muss   4　musst

過去問　　次の(1)〜(5)の文で（　　）の中に入れるのに最も適切なものを
下の1〜4のうちから選び，その番号を解答欄〈省略〉に記入しなさい.

(1) Morgen kommen Peter und Klaus.　Wir zeigen（　　）die Stadt.
　　1　sie　　　　2　ihr　　　　3　ihnen　　　4　ihm
　　　　　　　　　　　　　　　　　　　　　　　（'07年春）

(2) Monika, gehört（　　）das Wörterbuch?
　　1　du　　　　2　dein　　　　3　dir　　　　4　dich
　　　　　　　　　　　　　　　　　　　　　　　（'13年秋）

(3) （　　）Sie bitte sofort zu mir! Ich habe ein Problem.
　　1　Komme　　2　Kommst　　3　Kommt　　4　Kommen
　　　　　　　　　　　　　　　　　　　　　　　（'14年春）

(4) （　　）bitte noch langsamer, Magda! Sonst versteht man dich gar nicht.
　　1　Sprechen　2　Sprich　　3　Sprichst　　4　Spricht
　　　　　　　　　　　　　　　　　　　　　　（'18年夏［3級］）

(5) （　　）mir bitte mal einen Kugelschreiber, Sabine!
　　1　Geben　　2　Gebt　　　3　Gib　　　　4　Gibst
　　　　　　　　　　　　　　　　　　　　　　　（'18年夏）

ヒント

(1) 文章は，「あすペーターとクラウスがやって来ます. 私たちは彼らに町を案内します」の意味です.「彼らに」のドイツ語は?

(2) gehören「…のものである」という動詞は，もともと「…に属している」という意味です.従って,この場合は3格の人称代名詞を選ぶことになります.

(3) 敬称の2人称 Sie に対する命令の表現は −en Sie! でしたね.

(4)〜(5) 親称の2人称 du に対する命令形については，**学習のポイント❷**の(2)を再チェックしてください. 文章は「ちょっとボールペンをちょうだい, ザビーネ!」の意味です.

　　　　　　　　解答　　(1) 3　　(2) 3　　(3) 4　　(4) 2　　(5) 3

① **人称代名詞**

2格の形は使用される頻度が少ないので，とりあえず1格・3格・4格の形をしっかり覚えましょう．

1格 (…は, …が)	ich	du (Sie)	er	sie	es
3格 (…に)	mir	dir (Ihnen)	ihm	ihr	ihm
4格 (…を)	mich	dich (Sie)	ihn	sie	es

1格 (…は, …が)	wir	ihr (Sie)	sie
3格 (…に)	uns	euch (Ihnen)	ihnen
4格 (…を)	uns	euch (Sie)	sie

(注1)　2人称の親称 du（単数）と ihr（複数）は，おもに友人や家族の者など親しい人や子供に対して用います．敬称 Sie（単数・複数）は，それ以外の多少遠慮の必要な人に対して用います．

(注2)　ドイツ語では，既出の名詞を人称代名詞で受けるとき，男性名詞は er で，女性名詞は sie で，中性名詞は es で受けます．

Kaufst du den Fernseher ? — Ja, ich kaufe ihn.
そのテレビを買うの？ーうん，買うよ．

Wo liegt die Stadt Heidelberg ? — Sie liegt in Deutschland.
ハイデルベルクという町はどこにありますか？ーそれはドイツにあります．

Kennen Sie das Kind ? — Ja, ich kenne es.
あなたはその子供をご存じですか？ーはい，私はその子供を知っています．

② **命令を表す表現**

(1)　敬称の2人称単・複 Sie に対して：－en Sie !

Kommen Sie heute Abend zu mir !　　今晩私のところへおいでください．

Bitte, nehmen Sie Platz !　　どうぞお座りください．

(2)　親称の2人称単数 du に対して：－[e] !

Geh nicht so schnell !　　そんなに早く歩かないでよ．

Besuche uns doch am Sonntag !　　日曜日にうちへおいで．

Sei pünktlich, der Zug wartet nicht !
時間に遅れないようにね，列車は待ってくれないよ．

ただし，現在人称変化の単数2人称・3人称で，e が i （または ie）に

変わる動詞（☞14ページの**学習のポイント③**）では，du に対する命令形
でも e が i（または ie）になります．

Sprich nicht so laut！ そんなに大きな声で話さないで．

Sieh！Dort ist ein See！ ごらん．ほらあそこに湖が．

(3) 親称の2人称複数 ihr に対して：－t！

Geht jetzt nach Hause！ もう家に帰りなさい．

Antwortet mir sofort！ 私にすぐ答えなさい．

　ただし，sein の場合は Seid！となります．注意して覚えましょう．

Seid vorsichtig！ 気をつけなさい．

練　習　問　題 （解答は 186 ページ）

（例題） 次の〈問い1〉，〈問い2〉の各文で（　）の中に入れるのに最も適切な
ものを下の1～10のうちから選び，その番号を各問いの（　　）の中に記
入しなさい．同じものを二度用いてはいけません．

〈問い1〉

(1) A：Besucht er dich oft？
　　B：Ja, er besucht（　）oft.

(2) A：Welchen Wochentag haben（　）heute？
　　B：Heute ist Mittwoch.

(3) A：Wie gefällt（　）die Wohnung？
　　B：Sie gefällt uns gut.

(4) A：Wartet er auf euch？
　　B：Ja, er wartet auf（　）.

(5) A：Kaufst du den Kugelschreiber？
　　B：Nein, ich kaufe（　）nicht.

1　es	2　dich	3　ihn	4　mir	5　wir
6　uns	7　ihm	8　sie	9　mich	10　Ihnen

〈問い2〉

(1) A：Ich besuche Herrn Schneider. Kennst du (　　)?

　　B：Nein, aber ich kenne seine Frau.

(2) A：Monika, hilfst du deiner Mutter?

　　B：Ja, ich helfe (　　).

(3) A：Darf ich (　　) vorstellen? Ich heiße Kimura.

　　B：Sehr erfreut!

(4) A：Wie schmeckt (　　) die Forelle?

　　B：Sie schmeckt mir sehr gut.

(5) A：Erzählen Sie den Kindern die Geschichte?

　　B：Ja, ich erzähle sie (　　).

1	sie	2	dir	3	ihnen	4	Sie	5	ihn
6	euch	7	es	8	mich	9	ihr	10	ihm

動詞と目的語の格 ―― 注意すべき主なもの

an|rufen	(人⁴に)電話する	helfen	(人³を)助ける
beachten	(人⁴・物⁴に)注意を払う	kennen|lernen	(人⁴と)知り合う
begleiten	(人⁴に)同行する	küssen	(人⁴・物⁴に)キスする
begrüßen	(人⁴に歓迎の)あいさつをする	lehren	(人⁴に事⁴を)教える
beraten	(人⁴に)助言する	pflegen	(人⁴の)世話をする
betreten	(物⁴に)足を踏み入れる	rauben	(人³から物⁴を)奪う
bezahlen	(物⁴の)代金を支払う	schälen	(物⁴の)皮をむく
bitten	(人⁴に)頼む	sprechen	(人⁴に)面会する
erreichen	(人⁴・物⁴に)到達する	stören	(人⁴の)邪魔をする
ertragen	(人⁴・事⁴に)耐える	trauen	(人³を)信用する
fragen	(人⁴に)尋ねる	treffen	(人⁴と)会う
gefallen	(人³の)気に入る	unterschreiben	(物⁴に)署名する
grüßen	(人⁴に)あいさつする	vertrauen	(人³・事³を)信頼する
heiraten	(人⁴と)結婚する	warnen	(人⁴に)警告する

20

④ 定冠詞・名詞の格変化／指示代名詞 der

（過去問） 次の(1)～(3)の文で（　　）の中に入れるのに最も適切なものを下の1～4のうちから選び，その番号を解答欄〈省略〉に記入しなさい.

(1) Kennst du den Namen (　　)? — Ja, er heißt Dr. Kluge.

    1 der Arzt   2 des Arztes   3 dem Arzt   4 den Arzt

（'04年春）

(2) Seit zwei (　　) lernt Bettina fleißig Französisch.

    1 Monat   2 Monate   3 Monaten   4 Monats

（'10年秋）

(3) Man kann in (　　) Restaurants mit Kreditkarte bezahlen.

    1 alle   2 allen   3 jeder   4 jeden

（'15年秋）

ヒント

(1) 単数2格の形が入ります. **学習のポイント①**を再チェックしてください.

(2) der Monat の複数3格です. 格変化語尾 -n を忘れないように.

(3) all*er*（すべての）は定冠詞類です. **学習のポイント ①** の(2)を参照.

解答   (1) 2   (2) 3   (3) 2

学習のポイント

① 定冠詞・名詞の格変化

(1) 定冠詞・名詞の格変化

	男	女	中	複
1格（…は）	**der** Onkel	**die** Tante	**das** Kind	**die** Kinder
2格（…の）	**des** Onkel**s**	**der** Tante	**des** Kind**es**	**der** Kinder
3格（…に）	**dem** Onkel	**der** Tante	**dem** Kind	**den** Kinder**n**
4格（…を）	**den** Onkel	**die** Tante	**das** Kind	**die** Kinder

《参考》 男性名詞のなかには，単数2格・3格・4格に語尾-[e]n を付けるものがあります.（男性弱変化名詞と呼ばれます.）

例： 　　　　　　　㋐　　　　　　　　　㋫

　　　1格　der　Mensch　　　die　Menschen

　　　2格　des　Menschen　　der　Menschen

　　　3格　dem　Menschen　　den　Menschen

　　　4格　den　Menschen　　die　Menschen

(2)　定冠詞類の格変化

　　　dieser（この），welcher（どの），jeder（それぞれの），aller（すべての）など
　　　は定冠詞に準じた格変化をします.

　　　　　　　　㋛　　　　　　　　　㋝　　　　　　　　㋨

1格　**dieser**　Tisch　　**diese**　Blume　　**dieses**　Haus

2格　**dieses**　Tisches　**dieser**　Blume　　**dieses**　Hauses

3格　**diesem**　Tisch　　**dieser**　Blume　　**diesem**　Haus

4格　**diesen**　Tisch　　**diese**　Blume　　**dieses**　Haus

　　　　　　　　㋫

1格　**diese**　Bücher

2格　**dieser**　Bücher

3格　**diesen**　Büchern

4格　**diese**　Bücher

(3)　複数形の4つのタイプ

　　　　　　　㋐　　　　　　　　　　　㋫

a)　der Onkel（おじ）　　　→　die Onkel　　　　　　【無語尾型】

　　ただし，幹母音 a，o，u，au が変化するものがあります.

　　der Bruder（兄，弟）　　→　die Brüder

b)　der Tisch（机）　　　　→　die Tische　　　　　　【e 型】

　　ただし，幹母音 a，o，u，au が変音するものがあります.

　　die Hand（手）　　　　→　die Hände

c)　das Kind（子供）　　　→　die Kinder　　　　　　【er 型】

　　ただし，幹母音 a，o，u，au はかならず変音します.

　　der Mann（男）　　　　→　die Männer

d)　die Frau（女）　　　　→　die Frauen　　　　　　【[e] n 型】

　　die Tante（おば）　　　→　die Tanten

《**参考**》 外来語系の名詞には単数形に -s を付けて複数形とするものがあり
ます。 das Hotel（ホテル） → die Hotels

② **指示代名詞 der** 「この，その，あの；これ，それ，あれ」
付加語的に用いるときは，定冠詞と同じ変化をしますが，名詞的用法で
は次のように変化します。

	男	女	中	複
1格	der	die	das	die
2格	dessen	deren	dessen	deren
3格	dem	der	dem	denen
4格	den	die	das	die

Die Handtasche gefällt mir, **die** kaufe ich.
　　このハンドバッグが気に入った，私これを買うわ。

Er hat eine Freundin. **Deren** Vater ist krank.
　　彼にはガールフレンドがいる。その父親は病気だ。

(注) das は性・数に関係なく用いられます。

Das ist mein Vater.　　これは私の父です。

Das sind meine Geschwister.　　これは私のきょうだいです。

練 習 問 題 （解答は 186 ページ）

例題1 次の(1)〜(12)の文で（　　）の中に入れるのに最も適切なものをそれぞ
れ下の1〜4のうちから選び，その番号を○印で囲みなさい。

なお，選択肢の中には，実際にはないのに，学習者が誤って用いる形も一部
含まれています。

(1) Der Vater schenkt (　　) Tochter eine Uhr.
　　　1 die　　2 der　　3 den　　4 dem

(2) Er wechselt ein Rad (　) Wagens.

    1　der　2　des　3　dem　4　den

(3) Siehst du dort (　) Kirche?

    1　die　2　der　3　den　4　das

(4) Die Aufgabe ist (　) Schüler zu schwer.

    1　der　2　des　3　dem　4　den

(5) Ich schicke (　) Brief mit Luftpost.

    1　die　2　den　3　das　4　der

(6) Frau Schulze hat eine Tochter und zwei (　).

    1　Sohn　2　Sohnes　3　Söhne　4　Söhnen

(7) Die Wohnung gefällt (　) Müller.

    1　Herr　2　Herrn　3　Herrm　4　Herren

(8) Im Sommer kommen viele (　) nach Italien.

    1　Touriste　2　Touristes　3　Touristen　4　Tourist

(9) Die Großmutter erzählt den (　) ein Märchen.

    1　Kind　2　Kindes　3　Kinder　4　Kindern

(10) Ist (　) Platz noch frei?

    1　dieser　2　dies　3　dieses　4　diese

(11) (　) Tag haben wir heute?

    1　Welcher　2　Welche　3　Welchen　4　Welches

(12) Herr Schneider ist der Besitzer (　) Hauses.

    1　dieser　2　dieses　3　dies　4　diese

例題 2　次の(1)～(5)の文で (　) の中に入れるのに最も適切なものをそれぞれ下の1～4のうちから選び，その番号を○印で囲みなさい。

(1) Kennen Sie die Dame dort? — Nein, (　) kenne ich nicht.

　　　　1　das　　2　der　　3　die　　4　den

(2)　Der Hut gefällt mir. (　　) nehme ich.
　　　　1　Der　　2　Den　　3　Die　　4　Er

(3)　Wie heißt (　　) auf Deutsch? ― Kugelschreiber.
　　　　1　die　　2　dessen　　3　das　　4　etwas

(4)　Welcher ist Ihr Mantel? ― (　　) auf dem Stuhl gehört mir.
　　　　1　Er　　2　Keiner　　3　Der　　4　Einer

(5)　Heute besuche ich Herrn Schneider und (　　) Sohn.
　　　　1　der　　2　dessen　　3　dem　　4　den

反　対　語

groß 大きい	― klein 小さい	warm 温かい	― kalt 冷たい
lang 長い	― kurz 短い	weiß 白い	― schwarz 黒い
neu 新しい	― alt 古い	hell 明るい	― dunkel 暗い
jung 若い	― alt 年とった	laut (音声が)大きい	― leise 小さい
schnell 速い	― langsam 遅い	teuer (値段が)高い	― billig 安い
schwer 重い	― leicht 軽い	gesund 健康な	― krank 病気の
hoch 高い	― niedrig 低い	reich 金持ちの	― arm 貧しい
breit 広い	― schmal 狭い	fleißig 勤勉な	― faul 怠惰な
weit/fern 遠い	― nah[e] 近い	dick 厚い	― dünn 薄い
link 左の	― recht 右の	hart 堅い	― weich 柔らかい
links 左に	― rechts 右に	stark 強い	― schwach 弱い
viel たくさん	― wenig 少し	sauber 清潔な	― schmutzig 汚い
gut よい	― schlecht 悪い	voll いっぱいの	― leer 空(から)の
richtig 正しい	― falsch 間違った	frei 空いている	― besetzt ふさがっている
einfach 簡単な	― schwierig 難しい	her こちらへ	― hin あちらへ
früh (時刻が)早い	― spät 遅い	vorn 前に	― hinten 後ろに
heiß 熱い	― kalt 冷たい	oben 上に	― unten 下に

25

5 所有代名詞と kein／不定代名詞 man と einer

次の(1)～(5)の文で(　　)の中に入れるのに最も適切なものを
下の1～4のうちから選び，その番号を解答欄〈省略〉に記入しなさい．

(1) Das Haus (　　) Vaters ist sehr alt. Trotzdem will er nicht umziehen.
　　1　mein　　　　2　meinem　3　meinen　　　4　meines
（'19年冬）

(2) Christina will (　　) Freundinnen einen Brief schreiben.
　　1　ihr　　　　　2　ihre　　　3　ihren　　　4　ihrer
（'21年冬）

(3) Wir fahren immer mit dem Fahrrad. Wir haben (　　) Auto.
　　1　kein　　　　2　keins　　　3　keines　　　4　keinem
（'04年春）

(4) Der Everest ist einer (　　) berühmtesten Berge in der Welt.
　　1　dem　　　　2　der　　　3　des　　　　4　die
（'17年夏［3級]）

(5) In der Stadt (　　) man Touristen aus der ganzen Welt.
　　1　bringt　　　2　sieht　　　3　nimmt　　　4　macht
（'01年春）

ヒント

(1)～(3)については**学習のポイント①**を，(4)については**学習のポイント②**の(2)を，
それぞれ再チェックしてください．

(5)　不定代名詞 man（人は，人々は）は，つねに3人称単数扱いです．文章の
意味は，「その町では世界中［から］の観光客を見かける」です．

　　　　　　　　　　　解答　　(1) 4　　(2) 3　　(3) 1　　(4) 2　　(5) 2

学習のポイント

①　所有代名詞と kein

(1)　所有代名詞：まず，次の語をしっかり覚えましょう．

mein (私の), **dein** (君の), **sein** (彼の, それの), **ihr** (彼女の), **unser** (私たちの), **euer** (君たちの), **ihr** (彼らの), **Ihr** (あなた[がた]の)

(2) 不定冠詞類の格変化：所有代名詞および否定冠詞 kein (ひとつも…でない) は不定冠詞に準じた格変化 (ただし, 複数の場合は定冠詞に準じた格変化) をします.

	男		女		中	
1格	[m]ein	Vater	[m]eine	Mutter	[m]ein	Kind
2格	[m]eines	Vaters	[m]einer	Mutter	[m]eines	Kindes
3格	[m]einem	Vater	[m]einer	Mutter	[m]einem	Kind
4格	[m]einen	Vater	[m]eine	Mutter	[m]ein	Kind

	複	
1格	**meine**	Kinder
2格	**meiner**	Kinder
3格	**meinen**	Kindern
4格	**meine**	Kinder

② 不定代名詞 man と einer

(1) man

man は漠然と「人は, 人々は」を意味します. (英語の *one* に当たります.)

Kann **man** dort zu Mittag essen ?
　　そこでは昼食を食べることができますか？

Für diesen Zug braucht **man** eine Platzkarte.
　　この列車には座席指定券が必要です.

(注) 不定代名詞 man と名詞 Mann 男「男；夫」を, 混同しないように注意しましょう.

(2) einer

不定冠詞 ein を**定冠詞類と同じように格変化**させて (男1格 einer, 4格 einen, 女1格・4格 eine, 中1格・4格 eins), 不定代名詞として用います. 次の例文に示すとおり「ある人(物)；ひとり, ひとつ」を意味します.

Hast du keinen Bleistift? — Doch, ich habe **einen.**
君，鉛筆持ってない？—うん，持ってるよ。

Ich möchte mit **einem** von Ihnen über diese Frage sprechen.
私はあなたがたのうちのひとりとこの問題について話をしたい。

《**参考**》 否定冠詞 kein も，定冠詞類と同じように格変化させて，不定代名詞
として用います。

Er kauft sich einen Fotoapparat, aber ich kaufe mir **keinen.**
彼はカメラを買うが，私は買いません。

練 習 問 題

（解答は 186 ページ）

例題 1 次の(1)〜(9)の文で（　）の中に入れるのに最も適切なものをそれぞ
れ下の1〜4のうちから選び，その番号を○印で囲みなさい。

(1) Wo steht (　) Wagen?
　　1　deiner　　2　deines　　3　dein　　4　deine

(2) In welcher Stadt wohnt (　) Schwester?
　　1　Ihr　　2　Ihre　　3　Ihrer　　4　Ihren

(3) Ich kenne (　) Vater nicht.
　　1　deine　　2　deines　　3　dein　　4　deinen

(4) (　) Eltern gehen morgen Abend ins Theater.
　　1　Meiner　　2　Meine　　3　Mein　　4　Meinen

(5) Sind das (　) Bücher?
　　1　deines　　2　deine　　3　dein　　4　deinen

(6) Ich kenne ihn nicht, aber (　) Bruder.
　　1　seinem　　2　sein　　3　seinen　　4　seines

(7) Ich habe (　) Geld bei mir.
　　1　keines　　2　kein　　3　keinem　　4　keinen

28

(8) Wir haben heute (   ) Schule.

     1 keine   2 kein   3 keinen   4 keiner

(9) Haben Sie Kinder? ─ Nein, wir haben (   ) Kinder.

     1 kein   2 keines   3 keiner   4 keine

例題 2　次の(1)～(5)の文で（　　）の中に入れるのに最も適切なものをそれぞれ下の1～7のうちから選び, その番号を各問いの（　　）の中に記入しなさい.

(1) Wo kann man hier (   ) umtauschen?

(2) Einen Arzt nennt man oft (   ).

(3) Isst man in diesem (   ) gut?

(4) Bei rotem (   ) darf man nicht über die Straße gehen.

(5) Auf der (   ) kann man schnell fahren.

     1 Licht   2 Lehrer   3 Geld   4 Autobahn
     5 Doktor   6 Gasthaus 7 Bleistift

例題 3　次の(1)～(5)の文で（　　）の中に入れるのに最も適切なものをそれぞれ下の1～4のうちから選び, その番号を○印で囲みなさい.

(1) Haben Sie einen Kugelschreiber? ─ Ja, ich habe (   ).

     1 ein   2 einen   3 eins   4 einer

(2) Wo ist hier ein Restaurant? ─ Da hinten ist (   ).

     1 eins   2 ein   3 eine   4 einer

(3) (   ) von den Frauen ist noch nicht da.

     1 Ein   2 Eins   3 Einer   4 Eine

(4) Er ist (   ) der führenden Angestellten.

     1 eine   2 einer   3 eins   4 ein

(5) Geben Sie mir (   ) der Bücher!

     1 einer   2 eins   3 ein   4 eine

過去問 次の(1)～(3)の文で（　）の中に入れるのに最も適切なものを下の1～4のうちから選び，その番号を解答欄〈省略〉に記入しなさい.

(1)　A : Haben Sie keinen Durst ?
　　　B :（　　）, ich möchte gerne etwas trinken.
　　　　　1　Ja　　　　　2　Nein　　　　3　Doch　　　　4　Gut
　　　　　　　　　　　　　　　　　　　　　　　　　　　　　　　　　　　　　（'07年春）

(2)　A : Hast du kein Haustier ?
　　　B :（　　）, ich habe einen Hund.
　　　　　1　Doch　　　2　Ja　　　　　3　Klar　　　　4　Nein
　　　　　　　　　　　　　　　　　　　　　　　　　　　　　　　　　　　　　（'18年夏）

(3)　Er studiert jetzt Jura. In Zukunft（　　）er wohl Rechtsanwalt werden.
　　　　　1　wurde　　　2　ist　　　　　3　wäre　　　　4　wird
　　　　　　　　　　　　　　　　　　　　　　　　　　　　　　　　　（'12年秋 [3級]）

ヒント

(1)(2)　打ち消しを含む問いに対して, 答えの内容が肯定になるときは, ja（肯定）ですか？ doch（強い肯定）ですか？　**学習のポイント①**の(b)を再チェックしてください.

(3)　未来時称については3級の問題として出題される傾向がありますが, werden の現在人称変化は早い段階でマスターすべきでしょう. 文章の意味は,「彼はいま法学を専攻している. 将来はたぶん弁護士になるだろう」です.

解答　　(1)　3　　　(2)　1　　　(3)　4

学習のポイント

① Ja, nein, doch の用法

　疑問詞を用いない質問に応答する場合, ja／nein／doch のいずれかを用いて答えます. 特に, doch の用法をマスターしてください.（日本語の「はい」「いいえ」と異なることがあるので注意しましょう.）

(a)　肯定の質問

Sind Sie schon fertig ?
　あなたはもう用意できましたか？

　　　Ja, ich bin schon fertig.
　　　　はい, もう用意できています.
　　　Nein, ich bin noch nicht fertig.
　　　　いいえ, まだ用意ができていません.

Hast du Geld ?
　お金持ってる？

　　　Ja, ich habe Geld.
　　　　うん, 持ってるよ.
　　　Nein, ich habe kein Geld.
　　　　いや, ないんだ.

(b)　否定を含む質問

Sind Sie noch *nicht* fertig?
あなたはまだ用意ができていないのですか？

Doch, ich bin schon fertig.
　いいえ，もう用意できていますよ.
Nein, ich bin noch nicht fertig.
　ええ，まだ用意ができていません.

Hast du *kein* Geld?
お金持ってないの？

Doch, ich habe Geld.
　いや，持ってるよ.
Nein, ich habe kein Geld.
　うん，ないんだ.

② **未来**「…だろう」（推量），「…するつもりだ」（意志：1人称）
　　未来＝未来の助動詞 werden ＋不定詞（文末）

ich	werde	... kommen	wir	werden	... kommen
du	wirst	... kommen	ihr	werdet	... kommen
er	wird	... kommen	sie	werden	... kommen

未来のことを表すときは，ふつう現在時称を用います.

Morgen fahre ich nach Berlin.
　あす私はベルリンへ行きます.

したがって，未来時称は主に「推量」，「意志」を表します.

Du wirst den Zug kaum noch erreichen.
　君はなんとかその列車に間に合うだろう.

Was werden die Leute dazu sagen?
　人々はそれについて何と言うだろうか.

Der Fernseher wird sicher viel Geld kosten.
　そのテレビはきっと相当の値段だろう.

Ich werde einen Kuchen backen.
　私はケーキを焼くつもりです.

So etwas werde ich niemals tun.
　私はそんなことは二度としないつもりです.

Von morgen an werde ich nicht mehr rauchen.
　あすからもうたばこは吸いません.

例題1 次の(1)〜(8)の（　　）の中に入れるのに最も適切なものを下の1〜4のうちから選び，その番号を各問いの（　　）の中に記入しなさい.

(1)　A：Wohnt er in Köln?

　　　B：(　　), er wohnt in Köln.

(2)　A：Ist das Ihr Foto?

　　　B：(　　), das ist mein Foto.

(3)　A：Fahren Sie heute Abend nach Haus?

　　　B：(　　), ich bleibe hier.

(4)　A：Ist das Wetter schön?

　　　B：(　　), das Wetter ist nicht schön.

(5)　A：Ist das Wetter nicht schön?

　　　B：(　　), das Wetter ist schön.

(6)　A：Arbeiten Sie heute nicht?

　　　B：(　　), ich arbeite heute nicht.

(7)　A：Haben Sie kein Gepäck?

　　　B：(　　), das ist im Kofferraum.

(8)　A：Ist Ihr Platz nicht bequem?

　　　B：(　　), mein Platz ist sehr bequem.

　　　1　Ja　　2　Nein　　3　Doch　　4　Nicht

例題2 次の(1)〜(6)の文で（　　）の中に入れるのに最も適切なものをそれぞれ下の1〜4のうちから選び，その番号を○印で囲みなさい.

(1) 会議は長くはかからないだろう.

Die Sitzung (   ) nicht lange dauern.

     1　werden　　　2　werdet　　　3　wird　　　4　wirst

(2) 私はこの件では決して譲らないつもりです.

Ich (   ) in dieser Sache nie nachgeben.

     1　soll　　　2　werde　　　3　darf　　　4　habe

(3) 彼の手紙によると，彼はあすここに着くだろう.

Seinem Brief nach (   ) er morgen hier ankommen.

     1　wird　　　2　wirst　　　3　werden　　　4　werdet

(4) 私たちは9月に新しい住まいに引っ越して来るつもりです.

Wir (   ) im September in die neue Wohnung einziehen.

     1　werdet　　　2　wird　　　3　werden　　　4　werde

(5) 私の両親はもうフランクフルトに着いていることだろう.

Meine Eltern (   ) schon in Frankfurt sein.

     1　wird　　　2　werden　　　3　werde　　　4　werdet

(6) 山間部では雪が降るかもしれません.

Auf den Bergen (   ) es vielleicht schneien.

     1　wird　　　2　werdet　　　3　werde　　　4　wirst

7 前置詞

過去問 次の(1)～(6)の文で（　）の中に入れるのに最も適切なものを下の1～4のうちから選び，その番号を解答欄〈省略〉に記入しなさい．

(1) Ich danke Ihnen (　) Ihren freundlichen Brief.

 1　auf   2　durch   3　für   4　über

                      （'99年春）

(2) Brigitte wartet (　) ihren Freund.

 1　an   2　auf   3　in   4　über

                      （'02年春）

(3) Wohin gehst du jetzt? ― Ich gehe (　) Hause.

 1　an   2　in   3　nach   4　zu

                      （'21年冬）

(4) In Japan beginnt die Schule (　) April.

 1　am   2　im   3　um   4　vom

                      （'11年秋）

(5) Schneit es (　) Winter viel in Deutschland?

 1　am   2　an   3　auf   4　im

                 （'20年冬［3級］）

(6) Dieser Bus bringt uns schnell in (　) Stadt.

 1　den   2　der   3　das   4　die

                      （'12年秋）

ヒント

(1) (2)　danken＋für... 「…に感謝する」や warten＋auf... 「…を待つ」は動詞と結びつけて覚えるようにしましょう．（92～95ページ参照）

(3)～(6)　(3)は「…へ」（右ページの《参考》を参照），(4)と(5)は「…に」（時点・日付），(6)は「…の中へ」（方向）を意味しています．

    解答 (1) 3 (2) 2 (3) 3 (4) 2 (5) 4 (6) 4

前置詞と格との結びつき

ドイツ語の前置詞は，名詞・代名詞と結びつくとき，一定の格とともに用いられます．（これを前置詞の**格支配**と呼ぶことがあります．）

前置詞と定冠詞の融合形：am（← an dem），ans（← an das），beim（← bei dem），im（← in dem），ins（← in das），vom（← von dem），zum（← zu dem），zur（← zu der）などがよく用いられます．

(1)　2格とともに用いられる主な前置詞

　　　Meine Eltern gehen **trotz** des Regens spazieren.
　　　　私の両親は雨にもかかわらず散歩に行きます．

　　　Während der Sommerferien arbeitet er in einem Betrieb.
　　　　夏休みのあいだ彼はある会社で働く．

　　　Wegen des schlechten Wetters bleiben wir zu Hause.
　　　　悪天候のため私たちは家に留まります．

(2)　3格とともに用いられる主な前置詞

　　　Er nimmt sein Notizbuch **aus** der Tasche.
　　　　彼はポケットから彼の手帳を取り出す．

　　　Sie wohnt **bei** ihren Eltern.　　　彼女は両親と同居している．

　　　Wir fahren **mit** dem Auto an die See.　　私たちは車で海へ行きます．

　　　Nach dem Abendessen liest er meistens die Zeitung.
　　　　夕食後彼はたいてい新聞を読む．

　　　Er ist **seit** einem Jahr in Tokyo.　　　彼は東京に来て1年になる．

　　　Ich wohne nicht weit **von** der Universität.
　　　　私は大学から遠くない所に住んでいます．

　　　Gehst du heute **zum** Arzt ?　　　君はきょうお医者さんの所へ行くの？

　　《**参考**》「…へ」を表すnach と zu を使い分けてください．
　　　例：nach Deutschland ドイツへ, nach Hamburg ハンブルクへ
　　　　　（例外：in die Schweiz スイスへ）
　　　　　zum Bahnhof 駅へ, zur Post 郵便局へ, zum Arzt 医者の所へ
　　　　　（例外：nach Haus[e] 家へ）

(3)　4格とともに用いられる主な前置詞

　　　Wir gehen **durch** den Wald.　　　私たちは森を通り抜けて行きます．

Der Koffer ist zu schwer **für** Sie.
そのトランクはあなたには重すぎます.

Er trinkt Kaffee **ohne** Zucker und Milch.
彼は砂糖とミルクを入れずにコーヒーを飲む.

Um das Dorf liegen die Felder.
村の周りには田畑が広がっている.

(4) 3格および4格とともに用いられる前置詞

　　次の9つの前置詞は, 1)一定の「場所」を示すときは3格とともに用いられ (wo? に対応), 2)運動の「方向」を示すときは4格とともに用いられます (wohin? に対応).

┌ Ich lege das Buch **auf den Tisch**.　　私は本を机の上に置く.
└ Das Buch liegt **auf dem Tisch**.　　本は机の上に置いてある.

┌ Er stellt den Stuhl **ans Fenster**.　　彼は椅子を窓辺に置く.
└ Der Stuhl steht **am Fenster**.　　椅子は窓辺に置いてある.

Wo steht das Regal?　— Das Regal steht **hinter dem Sessel**.
本棚はどこにありますか? 一本棚はひじ掛け椅子のうしろにあります.

Wohin gehen Sie?　— Wir gehen **in den Park**.
あなたがたはどこへお出かけですか? 一私たちは公園へ行きます.

Wo wohnt Familie Schmidt?　— Sie wohnt **neben der Post**.
シュミット一家はどこに住んでいますか? 一郵便局の隣に住んでいます.

Wohin hängt er das Bild?　— Er hängt es **über das Bett**.
彼は絵をどこへ掛けますか? 一彼は絵をベッドの上の所に掛けます.

Wo liegt die Zeitschrift?　— Sie liegt **unter dem Buch**.
雑誌はどこにありますか? 一本の下にあります.

Wohin stellt er den Stuhl?　— Er stellt ihn **vor das Regal**.
彼は椅子をどこへ置きますか? 一本棚の前に置きます.

Wo sitzt der Lehrer?　— Er sitzt **zwischen zwei Kindern**.
先生はどこに座っていますか? 一二人の子供の間に座っています.

練 習 問 題　　　（解答は 186 ページ）

例題　次の〈問い1〉～〈問い3〉の各文で (　　) の中に入れるのに最も適切

36

なものをそれぞれ下の1〜6のうちから選び，その番号を各問いの (　　) の
中に記入しなさい.

〈問い1〉

(1) Die Schule beginnt morgens (　　) 8.30 Uhr.

(2) Sie holt ein Kleid (　　) dem Schrank.

(3) Das Paket schicken wir (　　) der Post.

(4) Was ist er (　　) Beruf? — Er ist Arzt.

　　　1　an　　2　aus　　3　mit　　4　um　　5　von　　6　zu

〈問い2〉

(1) Peter liegt (　　) vier Tagen im Krankenhaus.

(2) Sie kauft am Schalter eine Fahrkarte (　　) Köln.

(3) Der Schüler lernt (　　) des Unterrichts sehr viel.

(4) Ich danke Ihnen herzlich (　　) Ihre Hilfe.

　　　1　bei　　2　für　　3　nach　　4　seit　　5　trotz　　6　während

〈問い3〉

(1) ┌ Sie hängt das Bild an die Wand.
　　└ Das Bild hängt an (　　) Wand.

(2) ┌ Wir stellen den Fernseher neben (　　) Tür.
　　└ Der Fernseher steht neben der Tür.

(3) ┌ Er fährt den Wagen hinter (　　) Hotel.
　　└ Der Wagen steht hinter dem Hotel.

(4) ┌ Sie legt den Brief zwischen die Bücher.
　　└ Der Brief liegt zwischen (　　) Büchern.

(5) ┌ Ich stelle die Schuhe unter das Bett.
　　└ Die Schuhe stehen unter (　　) Bett.

　　　1　der　　2　des　　3　dem　　4　den　　5　die　　6　das

過去問 次の(1)〜(7)の文で（　　）の中に入れるのに最も適切なものを下の1〜4のうちから選び，その番号を解答欄〈省略〉に記入しなさい．

(1) （　　）gehört der Sportwagen hier？ Den finde ich ganz toll！

    1　Wem　　　2　Wen　　　3　Wer　　　4　Wessen

        （'20年冬）

(2) （　　）sind Sie von Beruf？ — Ich bin Techniker.

    1　Was　　　2　Wie　　　3　Wo　　　4　Wer

        （'06年春）

(3) （　　）ist es bis zum Marktplatz？ — Etwa 500 Meter.

    1　Wie weit　　2　Wie viel　　3　Wie lange　　4　Wie groß

        （'06年春）

(4) A:（　　）Krawatte möchtest du kaufen？

    B: Ich möchte diese blaue Krawatte kaufen.

    1　Wann　　　2　Was　　　3　Welche　　　4　Wie

        （'19年夏）

(5) （　　）kommt der Zug？ — Aus Wien.

    1　Wo　　　2　Wohin　　　3　Woher　　　4　Wann

        （'07年春）

(6) （　　）kostet das Bett？ — Nur 198 Euro.

    1　Wie　　　2　Wo　　　3　Wann　　　4　Was

        （'06年秋）

(7) （　　）für ein Brot hast du gekauft？ Weißbrot oder Schwarzbrot？

    1　Was　　2　Welches　　　3　Wessen　　　4　Wie

        （'18年夏［3級］）

ヒント

(1)〜(5) **学習のポイント①，②**を再チェックしてください．(2)の文は相手の「職業」を，(3)の文は「中央広場までの距離」を尋ねていますね．

(6) Was（または Wie viel）kostet das？（これはいくらですか？）という値段を尋ねる表現をぜひ覚えましょう．(7)は種類を尋ねる表現です．

学習のポイント

疑問詞には，疑問代名詞と疑問副詞があります．

① 疑問代名詞

wer（英 *who*）／was（英 *what*）／welch**er**（英 *which*）／was für ein
（英 *what kind of*）　＊定冠詞類の welcher については22ページ参照．

Wer ist die Frau？　　　あの女の人はだれですか？

Wessen Hut ist das？　　これはだれの帽子ですか？

Wem schenken Sie das Buch？
　　　あなたはその本をだれにプレゼントするのですか？

Wen besuchst du heute Nachmittag？ 君はきょうの午後だれを訪ねるの？

Welches Buch gehört dir？　　　どの本が君の[本]ですか？

Was trinkst du zum Frühstück？　　君は朝食に何を飲むの？

Was für ein Wagen ist das？　　それはどんな車ですか？

Was für einen Wagen kaufst du？　君はどんな車を買うの？

② 疑問副詞

wann（英 *when*）／wo（英 *where*）／wie（英 *how*）／warum（英
why）／woher（英 *where ... from*）／wohin（英 *where ... to*）

Wann beginnt der Unterricht？　　授業は何時に始まりますか？

Wo wohnen Sie？　　あなた[がた]はどこに住んでいますか？

Wie heißt du？　　君はなんという名前なの？

Wie lange wollen Sie in Wien bleiben？
　　　あなた[がた]はウィーンにはどのくらい滞在なさるおつもりですか？

Warum kaufst du das Buch nicht？　　君はなぜその本を買わないの？

Woher kommen Sie？　　あなたはどちらのご出身ですか？

Wohin fliegt Herr Kreuzer？ クロイツァー氏は飛行機でどこへ行くのですか？

《参考》

疑問詞 was と前置詞が融合して，**wo[r]＋前置詞**の形が用いられます．

Wovon sprechen Sie？ — Wir sprechen von unserem Studium.
　　　あなたがたは何について話しているのですか？―私たちは私たちの研究について
　　話しています．

Wofür interessieren Sie sich? — Ich interessiere mich für Musik.
あなたは何に興味がありますか？ー私は音楽に興味があります．

Worauf wartest du? — Ich warte auf den Bus.
君は何を待っているの？ー私はバスを待っています．

Woran denken Sie jetzt? — Ich denke jetzt an meine Reisepläne.
あなたはいま何を考えていますか？ー私はいま私の旅行計画のことを考えています．

練 習 問 題 　　（解答は 186 ページ）

例題 次の(1)～(14)の会話が完成するように，(　　) の中に入れるのに最も適切
なものをそれぞれ下の1 ～ 4のうちから選び，その番号を○印で囲みなさい．

(1) A：(　　) geht es Inge?

　　B：Sie ist wieder gesund.

　　　　1　Was　　2　Wann　　3　Wie　　4　Warum

(2) A：(　　) machst du heute Vormittag?

　　B：Ich mache meine Hausaufgaben.

　　　　1　Wohin　　2　Warum　　3　Was　　4　Wie

(3) A：(　　) kommt ihr nach Haus?

　　B：Um fünf. Wir essen um sechs zu Abend.

　　　　1　Wann　　2　Wie　　3　Wo　　4　Wohin

(4) A：(　　) gehört das Geld?

　　B：Das Geld gehört mir.

　　　　1　Wen　　2　Wessen　　3　Wer　　4　Wem

(5) A：(　　) kostet die Bluse?

　　B：30 Euro. Das ist sehr preiswert.

　　　　1　Wie　　2　Wie viel　　3　Wo　　4　Woher

(6) A：(　　) Farbe hat dein Kleid?

　　B：Mein Kleid ist rot.

　　　　1　Welches　　2　Welcher　　3　Welche　　4　Welchen

40

(7) A : (　　) lange lernen Sie schon Deutsch?

  B : Sechs Monate.

   1　Wie 2　Wann 3　Wozu 4　Wie viel

(8) A : (　　) für ein Auto hast du?

  B : Ein japanisches.

   1　Wo 2　Welches 3　Was 4　Wie

(9) A : (　　) stellen wir den Fernseher? Neben das Fenster?

  B : Ja, der Platz ist besonders günstig.

   1　Wo 2　Wohin 3　Dort 4　Hier

(10) A : (　　) gehst du zu Fuß?

  B : Weil ich kein Fahrrad habe*.

   1　Wie 2　Woher 3　Wohin 4　Warum

  *　この文の定動詞 habe の語順については，☞98ページ．

(11) A : (　　) sind Sie, Frau Neumann?

  B : Ich bin aus Düsseldorf.

   1　Woher 2　Wohin 3　Was 4　Wie

(12) A : (　　) studieren Sie? Hier in München?

  B : Ja, ich bin aus Hamburg und studiere in München.

   1　Was 2　Warum 3　Welcher 4　Wo

(13) A : (　　) beginnen Sie jetzt?

  B : Ich beginne mit meiner Arbeit.

   1　Wie 2　Womit 3　Wovon 4　Was

(14) A : (　　) helfen Sie dem Professor?

  B : Ich helfe ihm bei der Übersetzung.

   1　Wem 2　Warum 3　Wobei 4　Wohin

過去問 次の(1)〜(3)の文で（　）の中に入れるのに最も適切なものを下の1〜4のうちから選び，その番号を解答欄〈省略〉に記入しなさい。

(1) Was möchten Sie lieber trinken, Tee （　） Kaffee?

　　1　oder　　　2　und　　　3　dann　　　4　aber

（'09年秋）

(2) Heute ist kein Fußball, （　） das Wetter ist wirklich schlecht.

　　1　aber　　　2　denn　　　3　oder　　　4　sondern

（'14年春）

(3) Zuerst frühstücke ich zu Hause. （　） gehe ich zur Uni.

　　1　aber　　　2　dann　　　3　denn　　　4　und

（'19年夏）

ヒント

(1)(2)　**学習のポイント①**を再チェックしてください。

(3)　**学習のポイント①**の《参考》に示しておきましたが，コンマのあとの文がV（述語）＋S（主語）の語順になることに注意しましょう。この文は，「私はまず家で朝食を食べ，それから大学へ行きます」の意味です。dann と denn の区別に注意しましょう。

解答　(1)　1　　(2)　2　　(3)　2

学習のポイント　（従属の接続詞 ☞98ページ）

①　並列の接続詞

　　並列の接続詞は語句と語句，文と文（いずれも主文）を対等の関係で結合します。

Er studiert in Bonn, **aber** seine Schwester studiert in München.

　　　彼はボン大学に通っているが，彼の姉（妹）はミュンヒェン大学に通っている。

42

Ich gehe heute nicht spazieren, **denn** ich habe keine Zeit.
私はきょうは散歩に行きません，なぜなら暇がないからです．

Morgen fahren wir in die Stadt, **oder** wir bleiben zu Hause.
あす私たちは町へ出かけるか，それとも家にいます．

Sie geht nicht ins Kino, **sondern** sie geht ins Theater.
彼女は映画を見に行くのではなくて，芝居を見に行きます．

Mein Freund liest ein Buch, **und** ich gehe ins Kino.
私の友人は読書をし，私は映画を見に行く．

《**参考**》 副詞的接続詞

　　もともと副詞ですが，文と文を結合して接続詞の役割を果たしている副詞を「副詞的接続詞」と呼ぶことがあります．この場合，後続文の定動詞はその接続詞の直後（第2位）に置かれます．

Es ist schon 8 Uhr, **also** *müssen* wir losfahren.
もう8時だ，だから私たちは出発しなければならない．

Ich schreibe jetzt einen Brief, **dann** *gehe* ich zur Post.
私はいま手紙を書いています，そのあと郵便局に行きます．

Er ist krank, **deshalb** *kommt* er nicht zur Arbeit.
彼は病気です，したがって彼は仕事には来ません．

Wir müssen ein Taxi nehmen, **sonst** *kommen* wir zu spät.
私たちはタクシーに乗らないといけない，そうでないと遅刻してしまう．

② **数詞（基数）** （数詞（序数）☞120ページ）

0	null	10	zehn	20	zwanzig
1	eins	11	elf	21	einundzwanzig
2	zwei	12	zwölf	22	zweiundzwanzig
3	drei	13	dreizehn	30	dreißig
4	vier	14	vierzehn	40	vierzig
5	fünf	15	fünfzehn	50	fünfzig
6	sechs	16	sechzehn	60	sechzig
7	sieben	17	siebzehn	70	siebzig
8	acht	18	achtzehn	80	achtzig
9	neun	19	neunzehn	90	neunzig

100	[ein]hundert	1 000	[ein]tausend
112	hundert[und]zwölf	10 000	zehntausend

200	zweihundert	100 000	hunderttausend
700	siebenhundert	1 000 000	eine Million
345	dreihundertfünfundvierzig	2 000 000	zwei Millionen

《参考》

1994（西暦年） neunzehnhundertvierundneunzig
2023（西暦年） zweitausenddreiundzwanzig

《参考》 時刻の言い表わし方

	（日常生活では12時間表示 ）	（交通機関, テレビなど公共の場では24時間表示）
8.00 Uhr	acht Uhr	acht Uhr
8.05 Uhr	fünf [Minuten] nach acht	acht Uhr fünf
8.15 Uhr	[ein] Viertel nach acht	acht Uhr fünfzehn
8.30 Uhr	halb neun	acht Uhr dreißig
8.45 Uhr	[ein] Viertel vor neun	acht Uhr fünfundvierzig
8.55 Uhr	fünf [Minuten] vor neun	acht Uhr fünfundfünfzig

⑴ 「…時半」という表現に注意しましょう（9時半→ halb zehn, 11時半 → halb zwölf）.

⑵ 12時間表示の場合，必要があれば，morgens（朝に），vormittags（午前に），mittags(昼に)，nachmittags(午後に)，abends(晩に)，nachts (夜に) などを添えます. 例：nachmittags um 2 Uhr（午後2時に），abends gegen 6 Uhr（夕方6時頃に）

練 習 問 題　　　　（解答は 187 ページ）

例題 1　次の⑴〜⑻の文で（ ）の中に入れるのに最も適切なものを下の1 〜8のうちから選び，その番号を（ ）の中に記入しなさい. ただし，同じ ものを二度用いてはいけません.

⑴ Ich möchte im Restaurant essen, ( ) ich habe kein Geld.

⑵ Heute ist das Wetter schlecht, ( ) gehe ich nicht spazieren.

(3) Er geht nicht ins Restaurant, (　　) ins Café.

(4) Ihr ruft uns an, (　　) wir kommen zu euch.

(5) Samstags gehen wir einkaufen, und (　　) gehen wir ins Kino.

(6) Ich habe heute wenig Zeit, (　　) komme ich zu dir.

(7) Ich trinke morgens Milch, (　　) ich mag keinen Kaffee.

(8) Meine Mutter kocht das Essen, (　　) decke ich den Tisch.

1	oder	2	dann	3	trotzdem	4	aber
5	denn	6	deshalb	7	inzwischen	8	sondern

例題2

〈問い1〉　次のドイツ語の数詞を，例にならって算用数字に改めなさい．

例：　zwei　→　(2)

(1) fünf　　　→　(　　)　　(8) elf　　　　　　　→　(　　)

(2) acht　　　→　(　　)　　(9) sechzehn　　　　→　(　　)

(3) sieben　　→　(　　)　　(10) neunundfünfzig　→　(　　)

(4) vier　　　→　(　　)　　(11) zweiunddreißig　→　(　　)

(5) zehn　　　→　(　　)　　(12) einundsiebzig　　→　(　　)

(6) dreizehn　→　(　　)　　(13) siebenundsechzig →　(　　)

(7) zwölf　　→　(　　)　　(14) fünfundneunzig　→　(　　)

(15) zweihundert　　　　　　　　　　　　　　→　(　　　　　　)

(16) sechshundertdreiundachtzig　　　　　　　→　(　　　　　　)

(17) viertausendneunhundert　　　　　　　　　→　(　　　　　　)

(18) dreitausendsiebenhunderteinundfünfzig　→　(　　　　　　)

〈問い2〉　次の数字（一部は西暦年）を，例にならってつづり字で書きなさい．

例：3 → (drei)

(1) 4 → (　　　　　)　　(6) 11 → (　　　　　)

(2) 1 → (　　　　　)　　(7) 19 → (　　　　　)

(3) 6 → (　　　　　)　　(8) 16 → (　　　　　)

(4) 10 → (　　　　　)　　(9) 12 → (　　　　　)

(5) 5 → (　　　　　)　　(10) 17 → (　　　　　)

(11) 24 → ( )
(12) 38 → ( )
(13) 75 → ( )
(14) 91 → ( )
(15) 500 → ( )
(16) 4632 → ( )
(17) 1945（西暦年） → ( )
(18) 1994（西暦年） → ( )
(19) 2004（西暦年） → ( )
(20) 2023（西暦年） → ( )

〈問い3〉　次のドイツ語の時刻を，例にならって書き入れなさい.
　　　　例：fünf nach acht　→　（8時すぎ5分）
(1) sieben Uhr　　　　　　　　　→　( )
(2) zehn nach elf　　　　　　　　→　( )
(3) Viertel vor zehn　　　　　　　→　( )
(4) halb neun　　　　　　　　　　→　( )
(5) halb zwölf　　　　　　　　　　→　( )
(6) acht Uhr zehn　　　　　　　　→　( )
(7) sechs Uhr fünfunddreißig　　　→　( )
(8) vierzehn Uhr　　　　　　　　　→　( )

10 分離動詞／再帰動詞

過去問 次の(1)～(2)の文で（　　）の中に入れるのに最も適切なものを下の1～4のうちから選び，その番号を解答欄〈省略〉に記入しなさい.

(1) Wir wollen am Wochenende eine Party machen. (　　) laden wir ein ?

    1　Wer　　　　2　Wessen　　　3　Wem　　　　4　Wen

('17年冬 [3級])

(2) Um wie viel Uhr bist du heute (　　) ?

    1　aufstehst　2　aufstand　　3　aufgestanden　4　aufstehen

('21年夏 [3級])

ヒント

(1) ein|laden は「招待する」という意味の分離動詞です.

(2) auf|stehen は「起床する」という意味の分離動詞です.

解答　(1)　4　　(2)　3

過去問 次の(1)～(2)の文で（　　）の中に入れるのに最も適切なものを下の1～4のうちから選び，その番号を解答欄〈省略〉に記入しなさい.

(1) Jedes Jahr im November freue ich (　　) schon sehr auf den Weihnachtsmarkt.

    1　sich　　　　2　mich　　　　3　mir　　　　4　mein

('15年秋 [3級])

(2) Wasch (　　) vor dem Essen die Hände !

    1　dich　　　　2　dir　　　　3　sich　　　　4　mich

('16年夏 [3級])

ヒント

(1) 「毎年11月になると私はもうクリスマス市がとても楽しみだ」の意味です.

(2) sich^3 die Hände waschen「（自分の）手を洗う」です.

解答　(1)　2　　(2)　2

① 分離動詞

辞書の見出しに，たとえば an|kommen（到着する），auf|stehen（起床する）などのように前つづりと基礎となる動詞の間に分離線が入っている動詞を，分離動詞といいます．

(1) 分離動詞は，かならず前つづり部分にアクセントがあり，主文の定動詞として用いられるときは，前つづりが分離して文末に置かれます．一方，非分離動詞の前つづり（be-, emp-, ent-, er-, ge-, ver-, zer-）にはアクセントがありません（☞83ページ）．

(2) 分離動詞は，過去分詞の形の場合，前つづりは分離しません．

例：auf|stehen → aufgestanden

(3) zu をもつ不定期の zu は前つづりと基礎となる動詞のあいだに入れて，一語としてつづります．

例：auf|stehen → auf**zu**stehen

Sie **kommen** gegen 10 Uhr in Berlin **an**.
　　彼らは10時頃にベルリンに着きます．

Ich **stehe** jeden Morgen um 6 Uhr **auf**.　　私は毎朝6時に起きます．

Der Zug **fährt** vom Bahnsteig 3 **ab**.
　　列車は3番ホームから発車します．

Kommt Helga auch **mit**?　　ヘルガもいっしょに来ますか？

Machen Sie bitte das Fenster **zu**!　　窓を閉めてください．

Er **kommt** heute von der Reise **zurück**.
　　彼はきょう旅行から帰ってくる．

Was **hast** du in den Ferien **vor**?
　　君は休みにはどんなことを計画しているの？

《**参考**》 次の場合は前つづりは分離せず，一語としてつづられます．

(1) 助動詞とともに用いられる場合：
Möchtest du heute Nachmittag **mitkommen**?
　　君はきょうの午後いっしょに行きたい？

(2) 副文中において：
Ich **weiß** auch nicht, wann der Zug **abfährt**.
　　その列車が何時発か，私も知りません．

② 再帰動詞

再帰代名詞と結びついて一定の意味を表す動詞を，再帰動詞といいます．たとえば，英語で *He killed himself.*（彼は自殺した）というような場合の表現に当たります．つまり，主語と目的語が同一人物で，動作が自分自身に帰ってくるので，「再帰」というのです．

例：sich⁴ setzen（座る）

ich setze mich	wir setzen uns
du setzt dich	ihr setzt euch
(Sie setzen sich)	(Sie setzen sich)
er setzt sich	sie setzen sich

Darf ich **mich setzen**?	座ってもいいですか？
Setz dich doch zwischen uns!	私たちのあいだにおかけなさい．
Setzen Sie **sich** bitte auf den Stuhl!	どうぞその椅子におかけください．
Er **setzt sich** auf eine Bank im Park.	彼は公園のベンチに腰をおろす．

《**参考**》 再帰代名詞は，多くは4格ですが，3格の場合もあります．

	(ich)	(du)／(Sie)	(er, sie, es)	(wir)	(ihr)	(sie)
3格	mir	dir／sich	sich	uns	euch	sich
4格	mich	dich／sich	sich	uns	euch	sich

Ich kann **mir** die Szene lebhaft **vorstellen**.
　　　　　　　　　　　　　私はその光景をまざまざと思い浮べることができる．
Kaufst du **dir** diese CDs？　君はこれらのCDを買うの？
Meine Kinder **putzen sich**³ morgens und abends die Zähne.
　　　　　　　　　　　　　私の子供たちは朝晩歯を磨きます．

練 習 問 題　　（解答は187ページ）

例題1 次の(1)〜(12)の文で（　）の中に入れるのに最も適切なものをそれぞれ下の1〜4のうちから選び，その番号を○印で囲みなさい．

(1) Wir kommen um 9 Uhr in Hamburg（　）.
　　　　1 an　　　　2 auf　　　　3 in　　　　4 ein

49

(2) Die Sonne geht im Westen (   ).

    1 über   2 auf   3 hinter   4 unter

(3) Es zieht. Machen Sie bitte die Tür (   )!

    1 zu   2 zurück   3 aus   4 außer

(4) Der Unterricht fängt um 8 Uhr (   ).

    1 auf   2 ein   3 an   4 mit

(5) Zu meinem Geburtstag lade ich meine Freunde (   ).

    1 zu   2 auf   3 ein   4 zurück

(6) Von welchem Bahnsteig fährt der Zug (   )?

    1 ab   2 herab   3 auf   4 herauf

(7) An der nächsten Haltestelle steigen wir (   ).

    1 auf   2 aus   3 außer   4 außerhalb

(8) Was hast du für ein hübsches Kleid (   )!

    1 ein   2 an   3 auf   4 hinter

(9) Er sagt zu seinem Gast : ,,Bitte, treten Sie (   )!"

    1 zu   2 in   3 ein   4 um

(10) Das Konzert findet heute Abend um 20 Uhr (   ).

    1 auf   2 aus   3 statt   4 nahe

(11) Sie sieht noch jung (   ).

    1 aus   2 heraus   3 ein   4 herein

(12) Ich muss jeden Morgen um 7 Uhr (   ).

    1 aufstehen   2 zu aufstehen   3 aufzustehen

    4 zu stehen auf

例題2 次の(1)～(9)の文で（　）の中に入れるのに最も適切なものをそれぞれ下の1～4のうちから選び，その番号を○印で囲みなさい．

50

(1) Beeilen Sie ( ), bitte !
    1   dich   2   dir   3   sich   4   Ihnen

(2) Worauf freust du ( ) so ?
    1   sich   2   dich   3   dir   4   Sie

(3) Er interessiert ( ) sehr für Sport.
    1   sich   2   ihm   3   ihn   4   sein

(4) Ich kann ( ) nicht daran erinnern.
    1   selber   2   sich   3   mir   4   mich

(5) Setzt ( ) bitte zu Tisch !
    1   ihr   2   sich   3   euch   4   dich

(6) Wir müssen ( ) beeilen, sonst kommen wir zu spät.
    1   unser   2   sich   3   uns   4   euch

(7) Das Hotel befindet ( ) auf dem Marktplatz.
    1   sich   2   ihm   3   ihn   4   einander

(8) Ich wasche ( ) das Gesicht.
    1   sich   2   mir   3   mich   4   mein

(9) Wie denkst du ( ) deine Zukunft ?
    1   sich   2   dir   3   dich   4   dein

第3章 会話文と読解文

1 会話文

> **過去問** 次の(1)〜(4)の会話が完成するように，（ ）の中に入れるのに最も適切なものを下の1〜4のうちから選び，その番号を解答欄〈省略〉に記入しなさい.
>
> (1) A: Oh, Entschuldigung！
>   B:（ ）.
>   1 Das ist alles　　　　　2 Das weiß ich nicht
>   3 Das macht 30 Euro　　4 Das macht nichts
>   （'21年冬）
>
> (2) A: Eine Fahrkarte von Köln nach Hamburg, bitte.
>   B:（ ）oder einfach?
>   1 An und zurück　　　2 Her und zurück
>   3 Hin und zurück　　　4 Vor und zurück
>   （'22年冬）
>
> (3) A: Meine Mutter kommt nicht. Sie ist erkältet.
>   B: Oh, das tut mir leid. Ich wünsche ihr（ ）.
>   1 einen guten Flug　　2 gute Besserung
>   3 eine gute Reise　　　4 guten Appetit
>   （'19年冬）
>
> (4) A：Hier spricht Yumi. Ich möchte mit Monika sprechen.
>   B：（ ）.
>   1 Einen Moment, bitte　　2 Auf Wiederhören
>   3 Gern geschehen　　　　4 Ich kann mit ihr sprechen
>   （'09年春）

ヒント

(1) 「［そんなことは］何でもありませんよ」を意味する語句を選びます.

(2) einfach は「片道で」の意味ですから，「往復で」を選びます．

(3) 病気の人に快復を祈る表現です．

(4) 選択肢にはありませんが，Einen Augenblick, bitte. とも言います．

解答　(1) 4　　(2) 3　　(3) 2　　(4) 1

過去問　以下は，マコトと旅行案内所の職員（Mitarbeiterin）が，旅行案内所でかわしている会話です．空欄（a）～（e）に入れるのに最も適切なものを下の1～8から選び，その番号を解答欄〈省略〉に記入しなさい．

Makoto:　　　　Entschuldigung. (a)

Mitarbeiterin: Ja, natürlich!

Makoto:　　　　Ich möchte das Schloss auf dem Berg besuchen. Kann man hier die Eintrittskarten kaufen?

Mitarbeiterin: Ja, hier kann man Karten bekommen. Eine Karte kostet 10 Euro. (b)

Makoto:　　　　Hm, wie lange dauert es denn zu Fuß?

Mitarbeiterin: (c) Mit dem Bus brauchen Sie nur zehn Minuten. Hier kann man auch Fahrkarten kaufen.

Makoto:　　　　Dann fahre ich lieber mit dem Bus. (d)

Mitarbeiterin: Eine Eintrittskarte für das Schloss und eine Fahrkarte für den Bus ..., das macht 12 Euro.

Makoto:　　　　Bitte sehr! Von wo fährt der Bus?

Mitarbeiterin: (e) Viel Spaß!

Makoto:　　　　Danke schön!

1　Die Haltestelle ist vor dem Hotel dort.

2　Man braucht ungefähr dreißig Minuten.

3　Kann ich Ihnen helfen?

4　Es ist jetzt drei Uhr.

5　Wie viel kostet das?

53

> 6 Das Hotel liegt neben der Post.
> 7 Können Sie mir helfen?
> 8 Und wollen Sie zum Schloss zu Fuß gehen oder mit dem Bus fahren?
>
> ('21年夏)

ヒント

(a) には,「助けていただけますか?」の言葉を入れます.(以下同様です)
(b) 「それはそうとお城へは歩いて行かれますか,それともバスでいらっしゃいますか?」
(c) 「およそ30分を要します」
(d) 「おいくらですか?」
(e) 「停留所はあそこのホテルの前です」

解答 (a) 7 (b) 8 (c) 2 (d) 5 (e) 1

学習のポイント

基本的な会話文

　日常よく口にされるあいさつの表現などを中心に,基本的な会話文を挙げておきますので,まず,これらの言い回しを十分に口頭練習してください.なお,3級対策編の131〜133ページの**学習のポイント**にも,場面ごとの会話文を挙げていますのでご参照ください.

① **朝昼晩のあいさつ**

おはよう	Guten Morgen !
こんにちは	Guten Tag !
こんばんは	Guten Abend !

(南ドイツ,オーストリアで:)

おはよう,こんにちは,こんばんは	} Grüß Gott !
おやすみなさい	Gute Nacht !

② 別れのあいさつ

さようなら	Auf Wiedersehen！
バイバイ	Tschüs！
じゃあ，またあとで	Bis nachher！
じゃあ，またあした	Bis morgen！
お元気で	Alles Gute！
(電話で：) さようなら	Auf Wiederhören！

③ 願望，期待などのあいさつ

うまく行くといいね	Viel Glück！
がんばってね	Viel Erfolg！
よいご旅行を	Gute Reise！
大いに楽しんでおいで	Viel Spaß！
楽しい週末を	Schönes Wochenende！

④ 感謝

ありがとう	Danke！
ありがとうございます	Danke schön！／Vielen Dank！
本当にありがとう	Herzlichen Dank！
どういたしまして	Bitte schön！／Gern geschehen！

⑤ お詫び

すみません／失礼	Entschuldigung！／Verzeihung！
	Entschuldigen Sie bitte！
かまいません	Das macht nichts！ (または Macht nichts！)
残念です／すみません	Es tut mir leid！ (または Tut mir leid！)

⑥ 体の調子

ご機嫌いかがですか	Wie geht es Ihnen (dir)？
ありがとう，とても元気です	Danke, sehr gut.
あなたは？	Und Ihnen (dir)？
ありがとう，まあまあです	Danke, es geht.
あなたの奥様はお元気ですか	Wie geht es Ihrer Frau？

奥様によろしくお伝えください	Grüßen Sie Ihre Frau von mir !

⑦ 自己紹介

はじめまして	Ich freue mich, Sie kennenzulernen.
自己紹介をさせていただきます	Darf ich mich vorstellen ?
私の名前は〜です	Ich heiße 〜.／Mein Name ist 〜.
あなたのお名前は？	Wie heißen Sie ?／Wie ist Ihr Name ?
こちらは〜さんです	Das ist Herr (Frau) 〜.

⑧ 出身，職業，年令

あなたのご出身は？	Woher kommen Sie ?
私は〜の出身です	Ich komme aus 〜.
あなたのご職業は？	Was sind Sie von Beruf ?
私は学生です	Ich bin Student (Studentin).
おとしは？	Wie alt sind Sie ?

⑨ ドイツ語

ドイツ語を話しますか	Sprechen Sie Deutsch ?
はい，少しドイツ語を話します	Ja, ich spreche ein wenig Deutsch.
おっしゃっていることがよく分かりません	Ich verstehe Sie nicht gut.
どうぞゆっくり話してください	Bitte, sprechen Sie langsam !
え？何とおっしゃったんですか	Wie bitte ? (または Bitte ?)

⑩ …をお願いします

ビールを2杯お願いします	Zwei Bier, bitte.
お勘定をお願いします	Die Rechnung, bitte.
ボン行きの切符を1枚ください	Einmal nach Bonn, bitte.
サインをお願いします	Ihre Unterschrift, bitte !
ちょっと待ってください	Einen Augenblick (または Einen Moment), bitte.

⑪ **ホテルで** (Im Hotel)

こんにちは，まだ部屋は空いて　Guten Tag！Haben Sie noch Zimmer
いますか　　　　　　　　　　frei？

1泊です（2泊です）　　　　　Eine Nacht. (Zwei Nächte.)

バスつきのシングルルームをお　Ich hätte gern ein Einzelzimmer mit
願いします　　　　　　　　　Bad.

その部屋はおいくらですか　　　Wie viel kostet das Zimmer？

朝食は何時からですか　　　　　Wann ist das Frühstück？

すみません，タクシーを呼んで　Bitte, rufen Sie mir ein Taxi！
いただけませんでしょうか

⑫ **通りで** (Auf der Straße)

すみません，郵便局はどこで　　Entschuldigung！（または Entschuldigen
しょうか　　　　　　　　　　Sie bitte！）Wo ist die Post？

駅へはどう行けばいいのでしょ　Wie komme ich zum Bahnhof？
うか

歩いてどのくらいかかりますか　Wie lange dauert es zu Fuß？

どの電車が中央広場へ行きます　Welche Straßenbahn fährt zum Markt-
か　　　　　　　　　　　　　platz？

この近くに銀行がありますか　　Gibt es hier in der Nähe eine Bank？

⑬ **レストランで** (Im Restaurant)

メニューをお願いします　　　　Die Speisekarte bitte！

ビール2杯とワイン1杯お願い　Bitte zwei Bier und ein Glas Wein！
します

おすすめの品は何ですか？　　　Was können Sie uns bitte empfehlen？

グーラッシュ1人前とカツレツ　Einmal Gulasch und zweimal Schnitzel
2人前ください　　　　　　　bitte！

すみません，勘定お願いします　Entschuldigung, zahlen（または die Rech-
nung）bitte！

［お支払いは］ごいっしょです　Zusammen oder getrennt？
か，それとも別々ですか

⑭ **駅で** (Auf dem Bahnhof)

切符売場はどこですか	Wo ist der Fahrkartenschalter ?
ハイデルベルク往復 2 枚ください	Zweimal hin und zurück nach Heidelberg bitte !
1 等（2 等）をください	Erster (Zweiter) Klasse bitte !
この列車はボンに行きますか	Fährt dieser Zug nach Bonn ?
乗り換えが必要ですか	Muss ich umsteigen ?
列車は遅れているのですか	Hat der Zug Verspätung ?
列車は何時にマンハイムに着きますか	Wann kommt der Zug in Mannheim an ?

《**参考**》 「値段」を表す表現

Was (または Wie viel) kostet das ?　　これはいくらですか？

Das kostet € 7,30.　　これは 7 ユーロ30です．

＊€ 7,30 は siebon Euro dreißig と読みます．

（なお，たとえば€ 0,90 ならば neunzig Cent と読みます．）

┌─────────────┐
│ 練 習 問 題 │　　（解答は 187 ページ）
└─────────────┘

例題 1　次の会話文を読み，下の問いに答えなさい．

A：Was machst du am Samstag ?

B：Samstags nachmittags muss ich Einkäufe （　a　）.

　　Willst du mitkommen ?

A：Ja, gerne. Was willst du kaufen ?

B：Ich muss （　b　） eine neue Jacke kaufen.

A：Ich auch. Können wir zusammen etwas aussuchen ?

B：Gerne. （　c　） können wir gehen ?

A：Geht （　d　） schon um halb zwei ?

B：Ja, gut.

58

問い

(1) 空欄(a)の中に入れるのに最も適切なものを下の1～4のうちから選び，その番号を○印で囲みなさい.

    1　haben　　2　gehen　　3　machen　　4　tun

(2) 空欄(b)の中に入れるのに最も適切なものを下の1～4のうちから選び，その番号を○印で囲みなさい.

    1　sich　　2　mich　　3　mir　　4　meiner

(3) 空欄(c)の中に入れるのに最も適切なものを下の1～4のうちから選び，その番号を○印で囲みなさい.

    1　Wo　　2　Warum　　3　Wohin　　4　Wann

(4) 空欄(d)の中に入れるのに最も適切なものを下の1～4のうちから選び，その番号を○印で囲みなさい.

    1　es　　2　uns　　3　er　　4　dann

（例題2） 次の会話文を読み，下の問いに答えなさい.

A：Guten Tag！ Setzen Sie sich bitte！

    (a) fehlt Ihnen denn？

B：Ich weiß es selbst nicht. Seit ein paar Tagen fühle ich mich nicht wohl.

A：Haben Sie Fieber？

B：Nur ein wenig — 38.

A：Machen Sie mal den (b) auf！ Ja, ja, der Hals ist ganz rot.

B：Ist das schlimm？

A：Nein, nein. Sie sind nur erkältet. Ruhen Sie so viel (c) möglich, und nehmen Sie Aspirin！

B：Danke schön, Herr Doktor.

問い

(1) 空欄(a)の中に入れるのに最も適切なものを下の1～4のうちから選び，その番号を○印で囲みなさい.

    1　Wie　　2　Was　　3　Wo　　4　Wer

(2) 空欄(b)の中に入れるのに最も適切なものを下の1〜4のうちから選び，その番号を〇印で囲みなさい．

    1 Körper   2 Arm   3 Mund   4 Atem

(3) 空欄(c)の中に入れるのに最も適切なものを下の1〜4のうちから選び，その番号を〇印で囲みなさい．

    1 wie   2 was   3 als   4 denn

(4) この会話が行なわれている場所はどこですか．下の1〜4のうちから正しいものを選び，その番号を〇印で囲みなさい．

    1 auf der Straße   2 beim Arzt
    3 beim Abendessen   4 im Restaurant

過去問 次の文章の内容に合うものを下の1～8のうちから四つ選び，その番号を解答欄〈省略〉に記入しなさい．ただし，番号の順序は問いません．

Yoko ist Studentin in Fukuoka. Ihr Onkel arbeitet in Berlin. Ende Juli besucht sie ihn dort und bleibt bei ihm einen Monat. Berlin hat viele Museen, Theater, Opern und Kinos. Das Stadtleben ist sehr interessant. Yoko will besonders zur Museumsinsel*, denn sie liebt Bilder und malt selbst sehr gut. Auch klassische Musik hört sie gern. Leider gibt es von Juli bis Anfang September fast keine Klassik-Konzerte und Yoko muss schon Ende August nach Japan zurück. Deswegen plant ihr Onkel einen Ausflug nach Potsdam. Potsdam ist nur eine kleine Stadt, aber sie hat ein wunderschönes Schloss.

* Museumsinsel　博物館島．複数の博物館・美術館が集中するベルリン中心部の一区画．

1　陽子は6月末にベルリンの叔父を訪ねる．
2　陽子はベルリンで叔父の家の近くに滞在する．
3　ベルリンには博物館や劇場，オペラハウス，映画館が多くある．
4　陽子は絵が好きなうえ，自分でも上手に描くので，特に博物館島に行ってみたい．
5　クラシックコンサートは，7月から9月初めまでほとんどない．
6　陽子は，コンサートシーズンが始まってから日本に帰るつもりだ．
7　陽子は叔父をポツダムへの小旅行に誘う．
8　ポツダムは小さな町だが，とても美しい宮殿がある．

（'10年春）

ヒント

Oper 囡 オペラハウス；Stadtleben 围 都会生活；besonders 特に；Bild 围 絵；malen 描く；fast ほとんど；deswegen それゆえに；Ausflug 围 小旅行；wunderschön とても美しい；Schloss 围 宮殿

《**参考**》 ドイツ語にはときどき長いつづりの合成名詞がみられます. そのような場合は, 単語の成り立ちを把握するようにするとよいでしょう. たとえば, Stadtleben (中都会生活) ← Stadt (女都市) ＋ Leben (中生活), Fußballspiel (中サッカーの試合) ← Fußball (男サッカー) ＋ Spiel (中試合). なお, 合成名詞の性は**最後の名詞の性**に従います.

解答 3, 4, 5, 8

過去問 次の文章を読んで, 内容に合うものを下の1〜8から四つ選び, その番号を解答欄〈省略〉に記入しなさい. ただし, 番号の順序は問いません.

Johannes kommt aus Berlin und geht auf ein Gymnasium in Tokyo. Er wohnt schon seit zehn Jahren mit seiner Familie in Japan. Er spielt Baseball in einem Sportklub. Seine Freunde fragen ihn oft: ,,Warum spielst du nicht Fußball, sondern Baseball?" Fußball ist in Europa viel beliebter als Baseball. Aber er mag Baseball lieber und kann auch gar nicht so gut Fußball spielen. Baseball ist in Japan sehr beliebt, und bei den Olympischen Sommerspielen 2020 in Tokyo ist Baseball als eine Sportart im Programm. Johannes will bei der Olympiade 2020 den Besuchern aus dem Ausland helfen. Er spricht Deutsch, Japanisch und Englisch. Er möchte mit vielen Touristen aus aller Welt und auch mit Sportlern der Olympiade sprechen. Er freut sich sehr darauf. Nach dem Gymnasium möchte er auf eine Sporthochschule in Japan gehen und da weiter Baseball spielen. In Zukunft möchte er als Sporttrainer weltweit arbeiten und in Deutschland Baseball bekannt machen. Baseball ist noch nicht so populär in Deutschland.

1 ヨハネスはベルリン出身で, 現在, 東京で一人暮らしをしている.
2 ヨハネスの友人たちは, 彼がなぜサッカーではなく野球をするのかとよく質問する.
3 ヨハネスは, 野球だけでなく, サッカーも得意だ.
4 ヨハネスは, 2020年の東京オリンピックで野球種目に選手として出場す

ることを目指している.

5　ヨハネスは, ドイツ語・日本語・英語を話すことができる.

6　ヨハネスは, 2020年の東京オリンピックで, 世界中からやってくる訪問
　　客やオリンピック選手と話したいと思っている.

7　ヨハネスは高校卒業後, ドイツの体育大学で学びたいと思っている.

8　ヨハネスは将来, 野球をドイツで有名にしたいと思っている.

('20年冬)

ヒント　aus ～ kommen　～ の 出 身 で あ る；beliebt　人 気 の あ る；mag
(← mögen) 好きである；lieber　むしろ；als eine Sportart　スポーツ種目
の一つとして；Besuch　男 訪問客；Sportschule　女 体育大学；in Zukunft
将来は；weltweit（広く）世界で；bekannt machen　教える, 紹介する

解答　2,　5,　6,　8

学習のポイント

　4級の検定基準 (☞ 8 ページ) によりますと,　読む力を試す問題の範囲に,
手紙に関する事項が含まれています. そこで, 手紙の形式について簡単に触れ
ておきましょう (☞ 例題2 を解いてみてください).

①封書の上書き
(　)内は女性の場合

［差出人の氏名・住所］
Akira Kojima
Kasumigaseki 3-2-2
Chiyoda-ku, Tokyo
100-0013 JAPAN

切手

［受取人の氏名・住所］
Herrn Alfred Meyer (Frau Sabine Meyer)

Burg 2
90403 Nürnberg 1
GERMANY

＊受取人の氏名の前に, Herrn／Frau／Fräulein (あるいは Familie) を入れま
す. 3格ですから Herr の場合は, **Herrn** になることに注意してください.

②手紙文の形式

(a)　du で呼びあう人へ：

（　）内は女性の場合

① 　Tokyo, den 25. 06. 2021

② 　Lieber Martin,
　　(Liebe Monika,)

　　　（本文）

③ 　Herzliche Grüße
④ 　Dein *Akira*
　　(Deine *Emiko*)

①発信地・発信日付
②呼びかけ：姓ではなく名を.「こんにちは・拝啓」などにあたります.
③結び：「敬具・早々・かしこ」などにあたります. 下記の⑥を用いてもかまいません.
④差出人の名前の部分はサインします. du, ihr を用いて本文を書いた場合, 姓は入れません. Dein (Deine) は省くこともあります.

(b)　Sie で呼びあう人へ：

（　）内は女性の場合

Tokyo, den 25. 06. 2021

⑤ 　Lieber Herr Schmidt,
　　(Liebe Frau Ortner,)

　　　（本文）

⑥ 　Mit herzlichen Grüßen
　　Ihr *Takeshi Yamamoto*
　　(Ihre *Yumiko Honda*)

⑤名ではなく姓を.「拝啓」にあたります.やや改まった場合, Sehr geehrter Herr Schmidt, (Sehr geehrte Frau Ortner,) を用います.

⑥やや改まった場合, Mit freundlichen Grüßen を用います. その時は, 自分の名前のサインに姓も入れ, Ihr (Ihre) は省くこともあります.

練 習 問 題

（解答は 187 ページ）

例題 1　次の文を読んで，文意にあったものを下の 1～9 のうちから五つ選び，その番号を○印で囲みなさい.

Familie Schulz macht eine Reise in die Schweiz. Sie stehen um halb sieben auf. Um halb acht fahren sie zum Bahnhof. Am Schalter kaufen sie die Fahrkarten, und dann gehen sie auf den Bahnsteig. Der Zug kommt pünktlich an.

Der Zug ist nicht voll. Sie finden sofort ein Abteil. Nur eine Person sitzt darin. Herr Schulz liest die Zeitung, Frau Schulz sieht zum Fenster hinaus und ihre Tochter Inge trinkt Apfelsaft.

Bald sehen sie die Berge. Am Nachmittag kommen sie in Zermatt an. Sie gehen zu Fuß zum Hotel.

1　シュルツ一家は田舎へ旅行する.
2　彼らは8時半に駅へ行く.
3　列車は定刻どおりに到着する.
4　すぐ車室が見つかったが，そこには一人しか座っていなかった.
5　シュルツ夫人は窓を閉める.
6　インゲはりんごジュースを飲む.
7　やがて湖が見えてくる.
8　シュルツ一家は午後ツェルマットに着く.
9　彼らは歩いてホテルへ向かう.

例題 2　次の文を読んで，文意にあったものを下の 1～9 のうちから五つ選

び，その番号を○印で囲みなさい．

Hamburg, den 1. Oktober 2022

Liebe Andrea,

vielen Dank, dass meine Freundin und ich bei dir übernachten dürfen!

Wir werden am nächsten Freitag um Viertel nach sechzehn am Hauptbahnhof in Frankfurt ankommen.

Am Samstag möchten wir die Buchmesse besuchen. Gegen Abend werden wir dich zu einer Pizza in einem gemütlichen Restaurant einladen. Am nächsten Morgen fahren wir dann nach Hamburg zurück.

Könntest du mir bitte schreiben, wie wir vom Bahnhof am besten zu deiner Wohnung kommen?

Herzliche Grüße und bis bald

Monika

1 モーニカとその女友だちは，アンドレーアにフランクフルトのホテルを探してもらった．

2 モーニカとその女友だちは，フランクフルトのアンドーレアの家に泊めてもらうことになった．

3 モーニカとその女友だちは，来週の金曜日午後4時15分にフランクフルト中央駅に到着する予定である．

4 モーニカとその女友だちは，土曜日にフランクフルトでミサに出席しようと思っている．

5 土曜日の夕刻，モーニカとその女友だちは，アンドレーアにピザをごちそうするつもりである．

6 モーニカとその女友だちは，月曜日の朝，ハンブルクへ帰ることにしている．

7 モーニカは，フランクフルト中央駅からアンドレーアの家までの道順を，手紙で教えてほしいと願っている．

8 モーニカは，アンドレーアに返事は必要ないと書いている．

9 モーニカとアンドレーアは，気心の知れた親しい間柄と思われる．

66

第4章　聞き取り

まず，聞き取り試験問題冊子の表紙に示されている「解答の手引き」を，
そのままここに紹介しておきます．参考にしてください．

聞き取り試験　解答の手引き

（試験時間　約25分）

> 出題は新しい正書法（単語のつづり方などに関する規則）に従い
> ます．解答は新旧いずれの方式でも認めます．

――― 注　意 ―――

■受験票と机の上の受験番号が同じであることを確認してください。
■携帯電話，スマートフォン，スマートウォッチ等の電子機器類は電源を切り，
　カバン等にしまってください。机の上に置いてはいけません。
■中途退場は認めません。

①指示があるまでページを開いてはいけません。
②聞き取り試験は3部から成り立っています。
③試験監督者の指示に従って，解答用紙の所定の欄に，受験番号・氏名を記入し
　てください。
④放送の指示でページを開き，解答のしかたをよく読んでください。
⑤解答は黒のHBの鉛筆で強めに記入してください。
　書き直す場合には，消しゴムできれいに消してから記入してください。
⑥**解答はすべて試験時間内に解答用紙の指定された箇所に記入してください。**
⑦記入する数字は，下記の見本に従って書いてください。

⑧アルファベットは大文字と小文字の判別ができるようにはっきりと書いてくだ
　さい。

■試験が終わっても，指示があるまで席を立たないでください。
■解答用紙は持ち帰ってはいけません。
■この問題冊子の無断転載，無断複製を禁じます。

第1部　Erster Teil

1. 第1部は，問題(1)から(5)まであります．

2. 各問題において，それぞれ四つの短い会話1〜4を放送します．間隔をおいてもう一度放送します．

3. すべての会話を聞いたうえで，会話として最も自然なものを選び，その番号を解答用紙の所定の欄〈下記の解答欄〉に記入してください．

4. 以下，同じ要領で問題(5)まで順次進みます．

5. メモは自由にとってかまいません．

6. 問題を始める前に，放送で解答のしかたを説明します．その説明の中で例を示します．〈省略〉

【注意】（解答は解答用紙〈省略〉に記入してください．）

(1)	1	2	3	4
(2)	1	2	3	4
(3)	1	2	3	4
(4)	1	2	3	4
(5)	1	2	3	4

解答欄　(1)　　　(2)　　　(3)　　　(4)　　　(5)

第2部　Zweiter Teil

1. 第2部は，問題(6)から(8)まであります．

2. まずドイツ語の文章を放送し，内容についての質問(6)〜(8)を放送

します．それをもう一度放送します．

3．それを聞いたうえで，(6)には算用数字を，(7)と(8)には適切な一語を解答用紙の所定の欄〈省略〉に記入してください．

4．最後に，全体を通して放送します．

5．メモは自由にとってかまいません．

(6) 　□□ Prozent der Wohnungen.

(7) 　Man schläft jetzt nicht im Futon, sondern im _____.

(8) 　Am _____.

第3部　Dritter Teil

1．第3部は，問題(9)から(11)まであります．

2．まずドイツ語の短い会話を二回放送します．

3．それを聞いたうえで，その会話の内容を表すのに最も適した絵をそれぞれ1〜4のうちから選び，その番号を解答用紙の所定の欄〈省略〉に記入してください．

4．以下，同じ要領で問題(11)まで順次進みます．

5．最後に，問題(9)から(11)までのドイツ語の会話をもう一度通して放送します．そのあと，およそ1分後に試験終了のアナウンスがあります．試験監督者が解答用紙を集め終わるまで席を離れないでください．

6．メモは自由にとってかまいません．

(9)

1　　　　　2　　　　　3　　　　　4

(10)

    1   2   3   4

(11)

    1   2   3   4

（'14年春）

ヒント 音声データで読みあげられる第1部から第3部までのドイツ語を次に掲げますが，**最初はこれを見ないで**解答を試みてください．そのあと，確認のために以下をご覧ください．

第1部

問題(1)：A：Wie geht es Ihnen？　お元気ですか？

        B：選択肢　1　Das gibt es doch gar nicht.

                  2　Mir geht es gut.

                  3　Ich gehe heute zur Uni.

                  4　Das geht nicht.

問題(2)：A：Spielst du gern Fußball？　君はサッカーをするのは好きですか？

        B：選択肢　1　Nein, ich spiele gern Fußball.

                  2　Nein, ich spiele nicht gern Handball.

                  3　Doch, ich spiele gern Handball.

                  4　Ja, ich spiele gern Fußball.

問題(3)：A：Wo wohnst du jetzt？　君はいまどこに住んでいるの？

        B：選択肢　1　Ich wohne in einem Studentenwohnheim.

                  2　Ich wohne mit meinem Bruder.

            3　Ich wohne nicht bei meinen Eltern.

            4　Ich wohne alleine.

問題(4)：A：Sprechen Sie Deutsch？　あなたはドイツ語を話しますか？

　　　　B：選択肢　1　Ja, keine Ursache.

　　　　　　　　　2　Ja, das glaube ich auch.

　　　　　　　　　3　Ja, ein bisschen.

　　　　　　　　　4　Ja, das macht nichts.

問題(5)：A：Wann beginnt der Unterricht？　その授業は何時に始まりますか？

　　　　B：選択肢　1　An der Universität München.

　　　　　　　　　2　Der Unterricht gefällt mir gut.

　　　　　　　　　3　Es geht um Politik.

　　　　　　　　　4　Der Unterricht beginnt um halb fünf.

第2部

In Japan gibt es vielleicht nur noch in 30 Prozent der Wohnungen Tatami. Tatamizimmer sind nicht mehr in Mode, man schläft jetzt nicht im Futon, sondern im Bett. Man sitzt auch am Tisch oder auf dem Sofa. Aber Tatami-zimmer sind eigentlich sehr praktisch. Denn man kann Tatamizimmer am Tag als Wohnzimmer benutzen, in der Nacht als Schlafzimmer.

（訳：日本では，もしかするともう住居の30パーセントにしか畳がありません．畳の部屋はもはや流行っておらず，人々は今ではふとんでなく，ベッドで眠ります．また，テーブルに着いたりソファーに腰かけたりします．しかし，畳の部屋は本当はとても便利なのです．というのも畳の部屋は，昼間は居間として，夜は寝室として使えるからです．）

問題(6)：Wie viele Wohnungen haben in Japan Tatami？

　　　　日本ではどれくらい多くの住居に畳があるのですか？

問題(7)：Wo schläft man jetzt？　今日では人々はどこで眠りますか？

問題(8)：Wann wird das Tatamizimmer das Wohnzimmer？

　　　　畳の部屋はいつ居間になりますか？

第3部

問題(9)：A：Wann haben Sie Geburtstag？　あなたの誕生日はいつですか？

　　　　B：Ich habe am 20. (=zwanzigsten) Juni Geburtstag.

問題(10)：A：Was wirst du später？　君は将来は何になるの？

71

B：Ich werde Polizist.

問題(11)：A：Was nimmst du？ （喫茶店で）君は何にする？

　　　　B：Ich nehme ein Stück Kuchen und eine Tasse Kaffee.

解答 (1) 2　　(2) 4　　(3) 1　　(4) 3　　(5) 4　　(6) 30

　　　(7) Bett　　(8) Tag　　(9) 3　　(10) 4　　(11) 4

[学習のポイント]

　ドイツ語の聞き取り能力をつけるためには，日頃からより多くのドイツ語に耳を傾けるように心がけましょう．ネイティブスピーカーに教わることはたいへん理想的なことですが，そうでなくても，ウェブサイトや学習用の音源を利用したり，テレビやラジオのドイツ語講座に親しむことも効果的です．大事なことは，文字として表されたドイツ語を頼りっきりにしないこと，ドイツ語を聞き分ける「耳の独り立ち」を心がけ，ドドイツ語の音声がそのまま意味をもったドイツ語として聞き取れるよう，少しずつ練習を重ねてください．

　なお本書では，音声データで聞き取り問題文が実際の試験と同じ要領で吹き込まれていますので，何度も聞き取りの練習をしてください．

|　練　習　問　題　| （解答は 188 ページ）

[例題1]

DL 005
────── 第1部　Erster Teil ──────

1. 第1部は，問題(1)から(5)まであります．

2. 各問題において，それぞれ四つの短い会話1〜4を読みます．間隔をおいてもう一度繰り返します．

3. すべての会話を聞いたうえで，会話として最も自然なものを選び，その番号を解答用紙の所定の欄〈下記の解答欄〉に記入してください．

4. 以下，同じ要領で問題(5)まで順次進みます．

5. メモは自由にとってかまいません．

6. 問題を始める前に，放送で解答のしかたを説明します．その説明の中で例を示します．〈省略〉

(1)   1   2   3   4

(2)   1   2   3   4

(3)   1   2   3   4

(4)   1   2   3   4

(5)   1   2   3   4

解答欄　(1)　　　　(2)　　　　(3)　　　　(4)　　　　(5)

 DL 006

―――――――――――― **第2部　Zweiter Teil** ――――――――――――

1. 第2部は，問題(6)から(8)まであります．
2. 放送〈音声データ〉で，まずドイツ語の文章を読み、内容についての質問(6)〜(8)を読みます．それをもう一度繰り返します．
3. それを聞いたうえで，(6)と(7)には適切な一語を，(8)には算用数字を解答用紙の所定の欄〈省略〉に記入してください．
4. 最後に，放送〈音声データ〉で全体を通して読みます．
5. メモは自由にとってかまいません．

(6) Nach _____.

(7) Zuerst liest er den _____.

(8) Etwa ☐ Stunden.

第3部　Dritter Teil

1. 第3部は，問題(9)から(12)まであります．
2. まず放送〈音声データ〉でドイツ語の短い会話を二回読みます．
3. それを聞いたうえで，その会話の内容を表わすのに最も適した絵をそ れぞれ1〜6のうちから選び，その番号を解答用紙の所定の欄〈下記 の解答欄〉に記入してください．
4. 以下，同じ要領で問題(12)まで順次進みます．
5. 最後に，放送〈音声データ〉で問題(9)から(12)までのドイツ語の会話を もう一度通して読みます．そのあと，およそ1分後に試験終了のアナ ウンスがあります．試験監督者が解答用紙を集め終わるまで席を離れ ないでください．
6. メモは自由にとってかまいません．

1 2 3

4 5 6

解答欄　(9)　　　(10)　　　(11)　　　(12)

例題2

──────────── **第1部　Erster Teil** ────────────

1. 第1部は，問題(1)から(5)まであります．
2. 各問題において，それぞれ四つの短い会話1～4を読みます．間隔を おいてもう一度繰り返します．
3. すべての会話を聞いたうえで，会話として最も自然なものを選び，そ の番号を<u>解答用紙の所定の欄</u>〈下記の解答欄〉に記入してください．
4. 以下，同じ要領で問題(5)まで順次進みます．
5. メモは自由にとってかまいません．
6. 問題を始める前に，放送で解答のしかたを説明します．その説明の中 で例を示します．〈省略〉

(1)	1	2	3	4
(2)	1	2	3	4
(3)	1	2	3	4
(4)	1	2	3	4
(5)	1	2	3	4

解答欄　(1)　　　　(2)　　　　(3)　　　　(4)　　　　(5)

──────────── **第2部　Zweiter Teil** ────────────

1. 第2部は，問題(6)から(8)まであります．
2. 放送〈音声データ〉で，まずドイツ語の文章を読み，内容についての質 問(6)～(8)を読みます．それをもう一度繰り返します．
3. それを聞いたうえで，(6)には<u>算用数字</u>を，(7)と(8)には<u>適切な一語</u>を解 答用紙の所定の欄〈省略〉に記入してください．
4. 最後に，放送〈音声データ〉で全体を通して読みます．
5. メモは自由にとってかまいません．

(6) Um ☐ Uhr.

(7) Brot mit _____ und Käse.

(8) Nein, sie trinkt ein Glas _____ .

───── 第3部　Dritter Teil ─────

1. 第3部は，問題(9)から⑿まであります.
2. まず放送〈音声データ〉でドイツ語の短い文章を二回読みます.
3. それを聞いたうえで，その文章の内容に最も近い絵をそれぞれ1〜6
   のうちから選び，その番号を解答用紙の所定の欄〈下記の解答欄〉に
   記入してください.
4. 以下，同じ要領で問題⑿まで順次進みます.
5. 最後に，放送〈音声データ〉で問題(9)から⑿までのドイツ語をもう一
   度通して読みます. そのあと，およそ1分後に試験終了のアナウンス
   があります. 試験監督者が解答用紙を集め終わるまで席を離れないで
   ください.
6. メモは自由にとってかまいません.

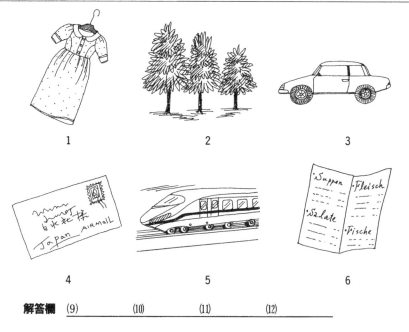

1   2   3

4   5   6

解答欄　(9)　　　　　(10)　　　　　(11)　　　　　(12)

76

第2部　独検3級対策編

■ 第1章　3級の検定基準と受験対策／受験情報 ■

Ⅰ　3級 (Grundstufe) の検定基準

　独検3級を志している皆さんに，ドイツ語技能検定試験（独検）の主催者である公益財団法人ドイツ語学文学振興会が公表している「3級検定基準」を，まずご紹介しましょう．

> ■ドイツ語の初級文法全般にわたる知識を前提に，簡単な会話や文章
> 　が理解できる．
> ■基本的なドイツ語を理解し，ほとんどの身近な場面に対応できる．
> 　簡単な内容のコラムや記事などの文章を読むことができる．
> ■短い文章の内容を聞き，簡単な質問に答え，重要な語句や数字を書
> 　き取ることができる．
> ■対象は，ドイツ語の授業を約120時間（90分授業で80回）以上受講
> 　しているか，これと同じ程度の学習経験のある人．
> ■語彙2000語

Ⅱ　3級の受験対策

　独検3級では，完了時称，受動，従属の接続詞，関係代名詞なども出題範囲に含まれます．使用単語も4級に比べて多くなりますので，語彙数を増やすことも大事です．なお，**3級受験の方も，必ず本書の「4級対策編」を学習して，**ドイツ語の力を万全のものにしてください．

　本書の構成をなす次の事項について，それぞれ具体的な対策と学習法を示しておきます．

(1)　発音

　　日頃から声を出してドイツ語を発音するように心がけましょう．そうすれば，発音したドイツ語が，音声を伴った形で身につきます．

(2)　文法

　　筆記試験では，文法的な知識を問う問題がかなりの比重（三割強）を占め

ています. 3級レベルで必要と思われる文法項目については目次(☞5ページ)
で確認し，しっかり復習しておいてください.

(3) 日常的な会話文

　日常会話でよく用いられる表現を練習してください. 郵便局・銀行・旅行
案内所等での実際的な会話を，自分で組み立ててみるのも楽しいでしょう.

(4) やや長めの読解文

　文章全体の「意味の流れ」をつかむように心がけてください. 単語として
は，巻末に掲げた単語2000語くらいの習得をめざしてください.

(5) 聞き取り

　日頃からなるべく多くのドイツ語に耳を傾けるように心がけましょう. 文
字として表されたドイツ語と「首っ引き」にならぬよう，学習用の教材やインターネッ
ト，語学放送などを利用して，ドイツ語に対する耳を肥やしてください.

(6) インターネット利用のドイツ語学習

　ドイツ語の力を伸ばすために各種ウェブサイトにアクセスして，自分の力に応じ
た記事を活用するとよいでしょう.

Ⅲ 3級の合格ライン：過去の実績では，総得点のおよそ60%前後です.

Ⅳ 受験情報
■試験日程：夏期試験（6月第4日曜日）／冬期試験（12月第1日曜日）［予定］
■試験内容：筆記（60分）／聞き取り（約30分，一部書き取りを含む）
■併願：4級と3級，3級と2級は併願が可能です.
■独検の実施要項 / 検定料 / 試験地・試験場 / 出願方法などについては，公
益財団法人ドイツ語学文学振興会の独検ウェブサイト https://www.dokken.
or.jp をご覧ください（インターネットによる出願もできます）.

［2023年6月1日現在］

■なお，上記のサイトではドイツ語学習に役立ついろいろな情報が入手できま
すので，上手に活用するとよいでしょう.

第2章 発音と文法

① 発 音

（過去問） 次の(1)～(4)の条件にあてはまるものが各組に一つずつあります．それを下の1～4のうちから選び，その番号を解答欄〈省略〉に記入しなさい．

(1) 下線部にアクセント（強勢）が<u>ある</u>．
1 <u>au</u>sgehen　　2 be<u>k</u>ommen　　3 ent<u>wi</u>ckeln
4 <u>ve</u>rstehen

（'03年春）

(2) 下線部にアクセント（強勢）が<u>ある</u>．
1 M<u>o</u>ral　　2 M<u>o</u>ment　　3 M<u>o</u>de　　4 M<u>o</u>dell

（'07年秋）

(3) 下線部の発音が他と<u>異なる</u>．
1 erfreuli<u>ch</u>　2 feu<u>ch</u>t　　3 schwa<u>ch</u>　4 vorsi<u>ch</u>tig

（'19年夏）

(4) 問いＡに対する答えＢの下線の語のうち，通常最も強調して発音される．
Ａ：Mama, ich gehe jetzt. Oh, es regnet！
Ｂ：Bitte <u>nimm</u> <u>einen</u> <u>Regenschirm</u> <u>mit</u>！
1 nimm　　2 einen　　3 Regenschirm　　4 mit

（'22年夏）

（ヒント）

(1) 分離の前つづりにはアクセントがありますが，非分離の前つづり（be-, emp-, ent-, er-, ge-, ver-, zer- など）にはアクセントはありません．（☞48ページ，83ページ）

(2) 外来語系のドイツ語のアクセントについては，下記の**学習のポイント①**を

チェックしてください．かなり規則性がありますから，声を出して何度か発音すれば，外来語系ドイツ語の発音のこつが身につくことでしょう．

(3) ch の前に a, o, u, au がある場合はのどの奥をこする［x］になり，それ以外の場合は鋭い発音の［ヒ］になります．11ページをご覧ください．

(4) B の人物が「雨傘を持って行きなさいよ」と，命令口調で言っていますね．

解答　(1) 1　(2) 3　(3) 3　(4) 3

学習のポイント

① 外来語系のドイツ語

外来語系のドイツ語は，アクセントが最初の音節にないことが多く，ふつう次のように最後の音節または最後から2番目の音節にあります．**声を出して発音し，これらの発音に慣れてください．**

a) アクセントが最後の音節にあるもの

-al	nationál 国民の　zentrál 中心の　Signál シグナル Materiál 材料
-an	Porzellán 磁器　Román 長篇小説　Orgán 器官　Vulkán 火山
-ant	interessánt 興味深い　elegánt エレガントな　Passánt 通行人 Restauránt ［レストラーン］レストラン
-ar	Seminár ゼミ　Formulár 申込用紙　elementár 基本的な
-är	Sekretär 秘書　Millionär 百万長者　populär ポピュラーな
-at	Apparát 装置　Soldát 軍人　Zitát 引用
-ät	Universität 大学　Qualität 品質　Elektrizität 電気
-ee	Idée アイデア　Komitée 委員会　Allée 並木道
-ei	Polizéi 警察　Bäckeréi パン屋　Konditoréi ケーキ屋 Partéi 政党
-ek[e]	Bibliothék 図書館　Diskothék ディスコ　Apothéke 薬局
-ell	Modéll 型式　aktuéll アクチュアルな　finanziéll 財政上の speziéll 特別の

81

-ent   Studént 大学生   Präsidént 大統領   Patiént 患者
           Instrumént 器具   Medikamént 薬   Prozént パーセント
           Momént 瞬間   intelligént 知的な

-ett   Tablétt 盆   Etikétt ラベル   Kabinétt 内閣   violétt 紫色の

-eur   Amatéur アマチュア   Chifféur （タクシーなどの）運転手
           Friséur 理容師   Ingeniéur エンジニア

-ie   Industríe 工業   Energíe エネルギー   Chemíe 化学
           Melodíe メロディー   Theoríe 理論   Philosophíe 哲学
     （注） 次の b) の項に挙げるように，-ie の直前の母音にアクセントが
         あるものもありますので，注意を要します.

-in[e]   Medizín 医学   Benzín ガソリン   Maschíne 機械
           Margaríne マーガリン   Violíne ヴァイオリン

-ion   Natión 国民   Informatión 案内所   Millión 百万
           Pensión [パンズィオーン]ペンション   Religión 宗教
     （注） Stádion [シュターディオン]（スタジアム）は，この原則と異なり
         ますので，注意してください.

-ist   Touríst ツーリスト   Polizíst 警官   Komponíst 作曲家
           Journalíst [ジュルナリスト]ジャーナリスト

-iv   Motív モチーフ   Archív 文庫   naív 素朴な   primitív 原始的な

-ur   Natúr 自然   Kultúr 文化   Literatúr 文学   Temperatúr 温度
           Reparatúr 修理   Figúr 姿

b) アクセントが最後から 2 番目の音節にあるもの
    -ade   Schokoláde チョコレート   Marmeláde ジャム
           Paráde パレード   Olympiáde オリンピック競技大会

    -elle   Novélle 短篇小説   Tabélle 一覧表   Kapélle チャペル

    -aille   Medáille [メダリエ]メダル   Táille [タリエ]ウエスト

-er	Theáter 劇場　Orchéster オーケストラ　Kalénder カレンダー
	Japáner 日本人　Amerikáner アメリカ人

　　　　（注）　ただし，この原則は外来語系のすべてのドイツ語に当てはまる
　　　　　　　わけではなく，たとえば Téchniker, Politiker などは例外です．

-ette	Zigarétte たばこ　Toilétte［トアレッテ］トイレ
	Kassétte カセット［テープ］　Tablétte 錠剤

-ie[n]	Familíe 家族　Linie 線　Fólie ホイルラップ　Férien 休暇
	Itálien イタリア　Spánien スペイン

-ieren	studíeren 大学で学ぶ　reservíeren 予約する　operíeren 手術する
	fotografíeren 写真をとる

-ismus	Kapitalísmus 資本家　Sozialísmus 社会主義
	Katholizísmus カトリシズム　Mechanísmus メカニズム

-ium	Stúdium 大学での勉学　Gymnásium ギムナジウム
	Stádium 段階

-ode	Methóde 方法　Episóde エピソード　Perióde 時期

-or	Proféssor 教授　Diréktor 校長　Dóktor 博士　Pástor 牧師
	Fáktor 要因

　　　　（注）　ただし，Humór［フモーア］（ユーモア）です．

-um	Muséum 博物館　Zéntrum 中心　Jubiláum 記念祭

②　「非分離の前つづり」をもつ動詞（＝非分離動詞）

アクセントは前つづりにはなく，基礎となる動詞の部分にあります．

be-	besúchen 訪問する　bekómmen もらう　begínnen 始める
	begégnen 会う　など

emp-	empfángen 受け取る　empféhlen 勧める　など

ent-	entdécken 発見する　entschúldigen 許す　など

| er- | erzählen 物語る | erklären 説明する | erréichen 到達する | など |

| ge- | gehören …のものである | gefállen 気に入る | geschéhen 起こる |
| | | | | など |

| ver- | vergéssen 忘れる | verkáufen 売る | verlíeren 失う |
| | verstéhen 理解する | など |

| zer- | zerstören 破壊する | zerréißen 引き裂く | など |

《参考》 そのほか「分離・非分離の前つづり」をもつ動詞のうち，たとえば
　　　　次のような非分離動詞も，アクセントが基礎となる動詞の部分にありま
　　　　す．

durch-	durchquéren 横断する	unter-	unterbréchen 中断する
hinter-	hinterlássen あとに残す		unterschréiben 署名する
über-	übersétzen 翻訳する	wider-	widerstéhen 抵抗する
um-	umfássen 抱く，含んでいる	wieder-	wiederhólen 繰り返す

③　合成語

　　二つの単語から成る副詞の合成語の場合は，次のようにふつう第二音節に
アクセントがあります．

heráuf(こちらの)上へ	heráus(こちらの)外へ	heréin(こちらの)中へ
hináus(向こうの)外へ	hinéin(向こうの)中へ	hinúnter(向こうの)下へ
sofórt すぐに	sogár …でさえも	soében たった今
sobáld …するとすぐ	nachdém …したのちに	seitdém …して以来
überáll いたるところに	zuérst 最初に	zufríeden 満足した

（注）　Jahrhúndert 世紀

《参考》 da[r]＋前置詞と wo[r]＋前置詞の場合は，ふつう第二音節にアクセ
　　　　ントがあります．（ただし，指示的なニュアンスが強いときや，強調さ
　　　　れた言い方の場合には，アクセントが第一音節に置かれることがありま
　　　　す．）

| dafür そのために | damit それを用いて | darin その中へ |
| wofür 何のために | womit 何を用いて | wovon 何について |

（解答は 192 ページ）

練 習 問 題

例題1 次の(1)〜(7)の各組の語の中に，第一音節にアクセント（強勢）の**ない**ものが一つずつあります．それを下の 1 〜 4 のうちから選び，その番号を○印で囲みなさい．

(1) 1 ankommen 2 mitkommen 3 umkommen 4 bekommen

(2) 1 antworten 2 versuchen 3 umsteigen 4 stattfinden

(3) 1 jedenfalls 2 herunter 3 mindestens
    4 selbstverständlich

(4) 1 langsam 2 notwendig 3 freundlich 4 zentral

(5) 1 Tourist 2 Fahrkarte 3 Kamera 4 Ansichtskarte

(6) 1 Frühstück 2 Bratwurst 3 Margarine 4 Nachtisch

(7) 1 Sommerferien 2 Autobahn 3 Familienname
    4 Zimmerschlüssel

例題2 次の(1)〜(6)の各組の語の中には，下線部の発音が他と異なるものが一つずつあります．それを下の 1 〜 4 のうちから選び，その番号を○印で囲みなさい．

(1) 1 Urlau<u>b</u> 2 Her<u>b</u>st 3 Ge<u>b</u>irge 4 le<u>b</u>haft

(2) 1 Ku<u>ch</u>en 2 Mil<u>ch</u> 3 To<u>ch</u>ter 4 Na<u>ch</u>t

(3) 1 Br<u>ie</u>f 2 <u>ih</u>m 3 Viol<u>i</u>ne 4 Fer<u>ie</u>n

(4) 1 Fu<u>ß</u>gänger 2 gen<u>ug</u> 3 B<u>u</u>tter 4 <u>zu</u>machen

(5) 1 Stra<u>ß</u>e 2 ge<u>st</u>ern 3 um<u>st</u>eigen 4 Halte<u>st</u>elle

(6) 1 Ra<u>th</u>aus 2 Biblio<u>th</u>ek 3 <u>Th</u>eater 4 Me<u>th</u>ode

85

② 現在完了

過去問 次の(1)～(6)の文で（　　）の中に入れるのに最も適切なものを
下の1～4のうちから選び，その番号を解答欄〈省略〉に記入しなさい．

(1) Erika（　　）ihren Hund in den Urlaub mitgenommen.
1　hat　　　　2　ist　　　　3　will　　　　4　wird
（'19年夏）

(2) Günther（　　）die ganze Zeit in Italien geblieben.
1　hat　　　　2　ist　　　　3　wil　　　　4　wird
（'17年冬）

(3) Mein Sohn hatte hohes Fieber, deswegen habe ich ihn ins Kranken-
haus（　　）.
1　bringen　　2　brachte　　3　bringe　　4　gebracht
（'09年春）

(4) Frau Mayer hat in Berlin（　　）und arbeitet jetzt in Wien.
1　studieren　2　studiert　　3　studierte　　4　studiertet
（'22年冬）

(5) Monika hat sich den Arm verletzt. Sie hat zwei Tage zu Haus blei-
ben（　　）.
1　gekonnt　　2　können　　3　gemusst　　4　müssen
（'08年春）

(6) Er soll früher sehr reich gewesen（　　）.
1　sein　　　　2　haben　　　3　werden　　　4　worden
（'95年春）

ヒント

(1)(2)　完了の助動詞 haben, sein の使い分けは大事なポイントです．**学習のポ
イント②**を再チェックしてください．bleiben の完了の助動詞は要注意．

(3)　bringen（連れて行く）の過去分詞は？

(4)　-ieren で終る動詞の過去分詞は？（例：telefonieren → telefoniert）

(5)　**学習のポイント④**を再チェックしてください．文章の意味は，「モーニカ
は腕を負傷した．彼女は2日間家にいなければならなかった」です．

(6)　**学習のポイント⑤**を再チェックしてください．文章の意味は，「彼は以前は

たいへん金持ちだったということだ」です.

解答 (1) 1　　(2) 2　　(3) 4　　(4) 2　　(5) 4　　(6) 1

┌─────────────┐
│ **学習のポイント** │
└─────────────┘

① 現在完了

現在完了＝haben または sein の現在人称変化＋過去分詞（文末）

《**参考**》 過去完了は, haben または sein の過去人称変化＋過去分詞（文末）です.

② 完了の助動詞

a) sein を用いるのは, 次のような場合に限られます. 自動詞のうち,

(1)「場所の移動」を意味するもの

例：gehen（行く）, kommen（来る）, fallen（落ちる）, fliegen（飛ぶ）

(2)「状態の変化」を意味するもの

例：werden（…になる）, sterben（死ぬ）, verschwinden（見えなくなる）

(3)その他

例：sein（…である）, bleiben（…にとどまる）, begegnen（出会う）

b) それ以外の場合は, haben を用います.

《**参考**》 辞書には, sein を用いる場合は(s), haben を用いる場合は(h), 両方ありうる場合は(s, h)などと明示してあります.

③ 現在完了の用法

a) 「完了」を表す

Hast du deine Schularbeiten **gemacht** ?　　宿題は終わったの？

Er **ist** soeben mit seinem Auto **weggefahren**.

彼はたったいま車で出かけたところです.

b) 「経験」を表す

In Bonn **habe** ich einmal **gewohnt**.

私はかつてボンに住んだことがあります.

Sind Sie schon einmal in Deutschland **gewesen** ?

あなたはかつてドイツに行ったことがありますか？

c) 「過去の事柄を現在の立場から述べる」ときに用います. したがって, 日常の会話や報道文などで盛んに用いられます. そのさい, 英語と異なり, 過去を示す副詞［句］があってもかまいません.

87

Erika **hat** ihren Schirm **verloren.**

エーリカは傘を失くした．

Gestern **habe** ich ihn in der Stadt **gesehen.**

きのう私は町で彼に会った．

Unser Vater **ist** vor einem Jahr **gestorben.**

私たちの父は一年前に他界しました．

《**参考**》 「過去から現在にいたる継続」は英語と異なり現在時称を用います．

Seit zwei Jahren wohnen wir in Düsseldorf.

2 年前から私たちはデュッセルドルフに住んでいます．

④ **話法の助動詞を含む完了時称**

話法の助動詞を含む完了時称は，**本動詞の不定詞＋話法の助動詞（不定詞
と同形）**です．なお，話法の助動詞は，完了の助動詞としてかならず haben
をとります．

Er **hat** die Arbeit gut **machen können.**

彼はその仕事を立派にやりとげることができた．

Wir **haben** gestern den ganzen Tag **arbeiten müssen.**

私たちはきのう一日中働かなければならなかった．

⑤ **完了不定詞**

完了不定詞（＝過去分詞＋haben または sein）は，完了の意味をもった不
定詞です．ふつう話法の助動詞や未来の助動詞などとともに用いられます．

Er muss seinen Schirm im Zug **vergessen haben.**

彼は傘を列車の中に忘れたにちがいない．

Meine Eltern werden jetzt schon in Köln **angekommen sein.**

私の両親は今頃もうケルンに着いたことだろう．

（解答は 192 ページ）

例題 次の(1)～(14)の文で（　　）の中に入れるのに最も適切なものをそれぞ
れ下の1～4のうちから選び，その番号を（　　）の中に記入しなさい．

なお，選択肢の中には，実際にはないのに，学習者が誤って用いる形も一部
含まれています．

(1) Ich habe die Fahrkarte schon gestern ( ).
1 kaufte 2 kauft 3 gekauft 4 zu kaufen

(2) In welcher Zeitung haben Sie das ( )?
1 lesen 2 las 3 gelest 4 gelesen

(3) Er hat das Haus um sieben Uhr ( ).
1 verlassen 2 verließ 3 geverlassen 4 vergelassen

(4) Das Unglück ist auf der Autobahn ( ).
1 passieren 2 passiert 3 gepassiert
4 gepassieren

(5) Endlich sind wir nach unserer langen Reise zu Hause ( ).
1 ankommen 2 angekommen 3 geankommen
4 kommen an

(6) Wir ( ) lange über dieses Thema gesprochen.
1 werden 2 sind 3 haben 4 möchten

(7) Seine Sekretärin ( ) ihren Urlaub in Hawaii verlebt.
1 hat 2 ist 3 will 4 soll

(8) Mein Vater ( ) ins Büro gehen müssen.
1 sein 2 ist 3 haben 4 hat

(9) Ich ( ) heute Morgen um sechs Uhr aufgestanden.
1 will 2 habe 3 darf 4 bin

(10) Wie lange ( ) du auf mich gewartet?
1 bist 2 hast 3 wirst 4 möchtest

(11) Mein Onkel ( ) im Alter von 80 Jahren gestorben.
1 wurde 2 hat 3 ist 4 hätte

(12) Sie muss lange auf uns ( ) haben.
1 warten 2 wartete 3 gewartet 4 zu warten

(13) Ich habe vor Kopfschmerzen nicht schlafen (　　).

    1　gekonnt　　2　zu können　　3　können　　4　konnte

(14) In ein paar Tagen wird Ihr Kind wieder gesund geworden (　　).

    1　sein　　2　ist　　3　haben　　4　hat

略語一覧

Abs.	Absender 差出人		km/h	Kilometer pro Stunde 毎時…キロ
AKW	Atomkraftwerk 原子力発電所			
Bhf.	Bahnhof 駅		Lkw, LKW	Lastkraftwagen トラック
BRD	Bundesrepublik Deutschland ドイツ連邦共和国		Nr.	Nummer 番号
			od.	oder または
b.w.	bitte wenden! 裏をご覧ください		Pkw, PKW	
bzw.	beziehungsweise ないし			Personenkraftwagen 乗用車
ca.	circa 約		PLZ	Postleitzahl 郵便番号
DB	Deutsche Bahn ドイツ鉄道		Prof.	Professor 教授
d.h.	das heißt つまり		S.	Seite ページ
Dr.	Doktor 博士		Str.	Straße …通り
EU	Europäische Union ヨーロッパ連合		u.	und および
			u. a.	und andere[s] その他
EUR	Euro ユーロ		usf.	und so fort 等々
geb.	geboren …生まれの；旧姓…		usw.	und so weiter 等々
gest.	gestorben 死去した		vgl.	vergleiche! 比較せよ
Hbf.	Hauptbahnhof 中央駅		Z.	Zeile 行
Jh.	Jahrhundert 世紀		z. B.	zum Beispiel たとえば
Kfz	Kraftfahrzeug 自動車		%	Prozent パーセント

(過去問) 次の(1)～(6)の文で ( ) の中に入れるのに最も適切なものを下の1～4のうちから選び, その番号を解答欄〈省略〉に記入しなさい.

(1) Der Reisende hat keinen Stadtplan. Er hat mich ( ) dem Weg gefragt.
1 aus   2 über   3 nach   4 zu
('08 年春)

(2) Die Architektin wollte ihren Assistenten ( ) Hilfe bitten.
1 an   2 auf   3 für   4 um
('21 年夏)

(3) Du solltest noch mehr ( ) deine Familie denken.
1 an   2 auf   3 in   4 um
('21 年冬)

(4) Ich freue mich schon ( ) die Sommerferien. Da fahre ich nach Deutschland.
1 auf   2 für   3 in   4 um
('13 年春)

(5) Sie ist noch nicht ( ) ihrer Arbeit fertig.
1 in   2 mit   3 von   4 zu
('16 年夏)

(6) Sie ist ( ) zufrieden, dass ihre Tochter die Prüfung gut bestanden hat.
1 darauf   2 damit   3 davon   4 dazu
('14 年春)

(ヒント)

(1)～(3) **学習のポイント❶**を再チェックしてください. なお, (3)の solltest は接続法第2式です (☞ 128 ページ❹).

(4)～(6) (4)は**学習のポイント❷**を, (5)(6)は95ページの《参考》をご覧ください.

    解答   (1) 3   (2) 4   (3) 1   (4) 1   (5) 2   (6) 2

(学習のポイント)

  動詞と前置詞の結びつき (一部は形容詞と前置詞の結びつき) の重要な語句を以下に例文とともに挙げますので, これらの用法に習熟しましょう.

① 一般の動詞と前置詞の結びつき

abhängen＋von...　…次第である

Das hängt ganz von Ihrer Entscheidung ab.
それはあなた［がた］の決心次第です.

achten＋auf...　…に注意する

Er achtete nicht auf ihre Worte.
彼は彼女の言葉に注意していなかった.

anfangen＋mit...　…を始める

Wir fangen mit der Arbeit an.
私たちは仕事を始めます.

antworten＋auf...　…に答える

Er antwortete mir höflich auf meine Frage.
彼は私の質問にていねいに答えた.

aufhören＋mit...　…をやめる

Wann hörst du mit der Arbeit auf?
君は何時に仕事をやめるの？

bestehen＋aus...　…から成り立っている

Das Buch besteht aus zwei Teilen.
その本は2部構成だ.

bitten＋um...　…を頼む

Wir müssen jemanden um Hilfe bitten.
私たちは誰かに支援を頼まなければいけない.

danken＋für...　…に感謝する

Ich danke Ihnen für Ihre Hilfe.
助けていただいてありがとうございます.

denken＋an...　…のことを考える

Er denkt oft an seine verstorbenen Eltern.
彼はたびたびいまは亡き両親のことを思う.

fehlen＋an...　…が不足している

Es fehlt ihm an gründlichen Kenntnissen.
彼には基本的な知識が欠けている.

fragen＋nach...　…のことを尋ねる

Ein Fremder fragte mich nach dem Weg.
知らない男の人が私に道を尋ねた.

gehören＋zu...　…に所属する

Er gehörte damals zu unserem Klub.
彼は当時私たちのクラブに所属していた.

glauben+an...　　…を信じる

Ich glaube an sein Wort.
私は彼の言葉を信じます.

halten+für...　　…とみなす

Ich halte ihn für einen zuverlässigen Angestellten.
私は彼を信頼できる社員だと思っている.

rechnen+mit...　　…を考慮に入れる

Mit diesem Besuch hatte ich nicht gerechnet.
私はこの来客のことを考慮に入れていなかった.

riechen+nach...　　…のにおいがする

Das ganze Zimmer riecht nach Rose.
部屋じゅう，ばらの香りがする.

schreiben+an...　　…に手紙を書く

Ich schreibe an einen Freund.
私は友だちに手紙を書きます.

sorgen+für...　　…の世話をする

Sie sorgte für das Kind wie eine Mutter.
彼女は母親のようにその子供の世話をした.

stammen+aus (von)...　　…に由来する

Die Familie hatte ursprünglich aus England gestammt.
その一家はもともとイギリスの出だった.

sterben+an...　　…で死ぬ

Er ist an Krebs gestorben.
彼はがんで死んだ.

teilnehmen+an...　　…に参加する

Ich habe an der Versammlung teilgenommen.
私はその集会に参加しました.

vergleichen+mit...　　…と比較する

Sie vergleicht die Kopie mit dem Original.
彼女はコピーをオリジナルと見比べる.

verzichten+auf...　　…をあきらめる

Wegen des schlechten Wetters mussten wir auf die Reise verzichten.
悪天候のため私たちは旅行をあきらめざるをえなかった.

warten＋auf...　　…を待つ

Hast du lange auf mich gewartet?
君は長いあいだ私を待っていたの？

zweifeln＋an...　　…を疑う

Ich zweifle an seiner Ehrlichkeit.
私は彼の誠意を疑っている.

② **再帰動詞と前置詞の結びつき**

sich⁴ beschäftigen＋mit...　　…に従事（専念）する

Er beschäftigte sich mit philosophischen Studien.
彼は哲学の研究に没頭した.

sich⁴ erinnern＋an...　　…を思い出す

Kannst du dich an ihn erinnern?
彼のことが思い出せるかい？

sich⁴ erkundigen＋nach...　　…を問い合せる

Er erkundigte sich nach Ihrem Befinden.
彼はあなた[たち]の健康状態を尋ねてきた.

sich⁴ freuen＋über...　　…を喜ぶ

Ich freue mich über seinen Erfolg.
私は彼の成功がうれしい.

sich⁴ freuen＋auf...　　…を楽しみにしている

Auf diesen Tag habe ich mich schon lange gefreut.
この日を私はずっと以前から心待ちにしていた.

sich⁴ fürchten＋vor...　　…をこわがる

Sie hat sich vor dem Tode gefürchtet.
彼女は死を恐れた.

sich⁴ gewöhnen＋an...　　…に慣れる

Er kann sich nicht an seine neue Umgebung gewöhnen.
彼は新しい環境に慣れることができない.

es handelt sich⁴＋um...　　…が問題である

Bei der Diskussion handelte es sich um wichtige Dinge.
その討論では重要な事柄が問題になった.

sich⁴ interessieren＋für...　　…に興味を持つ

Sie interessiert sich nicht für Sport.
彼女はスポーツには興味がない.

94

sich⁴ kümmern + um...　　…の面倒をみる，…を気にかける
Kümmere dich um deine eigenen Angelegenheiten !
君自身のことを気づかいなさい.

sich⁴ schützen + vor (gegen)...　　…から身を守る
Du musst dich besser vor Erkältung schützen.
君はかぜに注意したほうがいいよ.

sich⁴ wundern + über...　　…に驚く
Ich wundere mich über Ihre Geduld.
私はあなた[がた]の忍耐力に驚きます.

《**参考**》 形容詞と前置詞の結びつき

erstaunt sein + über...　　…に驚いている
Sie ist über sein Verhalten erstaunt.
彼女は彼の態度にびっくりしている.

fertig sein + mit...　　…を終えている
Er ist mit den Hausaufgaben fertig.
彼は宿題を済ませた.

stolz sein + auf...　　…を誇りにしている
Der Vater ist stolz auf seinen Sohn.
父親は息子を自慢している.

zufrieden sein + mit...　　…に満足している
Ich bin mit Ihrer Arbeit sehr zufrieden.
私はあなた[がた]の仕事ぶりにたいへん満足しています.

| 練 習 問 題 | （解答は 192 ページ）

例題　次の(1)～(12)の文で（　）の中に入れるのに最も適切なものをそれぞ
れ下の1～4のうちから選び，その番号を○印で囲みなさい.

(1)　Darf ich Sie（　　）Ihren Namen bitten ?
　　　1　auf　　　2　nach　　　3　um　　　　4　für

(2) Hörst du? Jemand klopft ( ) die Tür.

    1 an   2 auf   3 gegen   4 nach

(3) Ich halte ihn ( ) einen großen Künstler.

    1 von   2 für   3 zu   4 unter

(4) Er hat noch nicht ( ) meinen Brief geantwortet.

    1 für   2 über   3 an   4 auf

(5) Wir sind sofort ( ) den Zug eingestiegen.

    1 auf   2 durch   3 in   4 an

(6) Das Kind weinte ( ) Schmerzen.

    1 von   2 aus   3 vor   4 wegen

(7) Sie interessiert sich nicht ( ) klassische Musik.

    1 für   2 nach   3 in   4 auf

(8) Er hat seine Klassenkameraden ( ) seiner Geburtstagsfeier ein-
geladen.

    1 bei   2 in   3 zu   4 nach

(9) Höre doch endlich ( ) dem Lärm auf!

    1 in   2 mit   3 aus   4 von

(10) Ich habe mich ( ) das frühe Aufstehen nur schwer gewöhnt.

    1 für   2 an   3 um   4 auf

(11) Mein Bruder ist ( ) seinem Gehalt zufrieden.

    1 zu   2 in   3 mit   4 gegenüber

(12) Ich habe mich ( ) der Abfahrt des Zuges erkundigt.

    1 von   2 nach   3 zu   4 entgegen

④ 従属の接続詞

(過去問) 次の(1)～(6)の文で（　　）の中に入れるのに最も適切なものを
下の1～4のうちから選び，その番号を解答欄〈省略〉に記入しなさい.

(1)　Ich bin jetzt sehr müde, (　　) ich gestern die ganze Nacht gelernt
　　 habe.
　　 1　denn　　　　2　deshalb　　　3　obwoh　　　4　weil
　　　　　　　　　　　　　　　　　　　　　　　　　　　　　　　（'21年夏）

(2)　Mein Handy klingelte, (　　) ich heute Morgen aus dem Bus aus-
　　 stieg.
　　 1　als　　　　　2　dann　　　　3　wann　　　　4　wenn
　　　　　　　　　　　　　　　　　　　　　　　　　　　　　　　（'10年秋）

(3)　Ich bin zur Schule gegangen, (　　) ich ganz schnell gefrühstückt
　　 hatte.
　　 1　bevor　　　　2　während　　3　nachdem　　4　damit
　　　　　　　　　　　　　　　　　　　　　　　　　　　　　　　（'01年秋）

(4)　Draußen war es so stürmisch, (　　) ich zu Hause bleiben musste.
　　 1　dass　　　　2　deshalb　　　3　nicht　　　　4　sondern
　　　　　　　　　　　　　　　　　　　　　　　　　　　　　　　（'19年冬）

(5)　Der Vater hat die Tochter gefragt, (　　) sie das Geld braucht.
　　 1　worauf　　2　womit　　　3　worin　　　4　wozu
　　　　　　　　　　　　　　　　　　　　　　　　　　　　　　　（'10年秋）

(6)　Oh nein！Wir haben unseren Bus verpasst. Weißt du, (　　) der
　　 nächste Bus kommt？
　　 1　wann　　　2　was　　　　3　wenn　　　4　wer
　　　　　　　　　　　　　　　　　　　　　　　　　　　　　　　（'22年冬）

ヒント

(1)　denn は並列の接続詞（☞42ページ），weil は従属の接続詞です.
(2)　als が「…したときに」（「一回的な過去の出来事」）を表すのに対し，wenn
　　 は「…のたびに，…のときはいつも」（「反復」）を表します.

(3) nachdem が用いられた文章は，ふつう「…したのちに（過去完了），…した（過去または現在完了）」という構文になります．

(4) **学習のポイント**の《参考》を再チェックしてください．

(5)(6) 疑問代名詞（wer, was, welcher など）と疑問副詞（wann, wo, wie, warum, womit, woher, wohin など）も，従属の接続詞と同じように副文をつくり，接続詞の役割を果たしています．

　　Ich weiß nicht, **was** sie gekauft hat.
　　　　私は彼女が何を買ったのか知りません．

　　Wissen Sie, **wann** der Zug abfährt ?
　　　　あなたはその列車が何時発かご存じですか？

　　　　解答　(1) 4　　(2) 1　　(3) 3　　(4) 1　　(5) 4　　(6) 1

学習のポイント　（並列の接続詞　☞42ページ）

　従属の接続詞によって導かれる副文(＝英語の従属節）においては，定動詞が〈文末〉に置かれます．

als(…したときに)，bevor(…するまえに)，bis(…するまで)，da(…なので)，damit (…するために)，dass (…ということ)，ehe (…するまえに)，indem (…することによって)，nachdem(…したあとで)，ob(…かどうか)，obwohl(…にもかかわらず)，seit[dem]（…して以来)，solange (…であるかぎり)，während (…するあいだ)，weil (…だから)，wenn (もし…ならば，…するときは [いつでも]) など．

Bevor ich nach Berlin fahre, muss ich ein Hotelzimmer bestellen.
　　私はベルリンへ発つまえに，ホテルの部屋を予約しなければならない．

Sie muss sich beeilen, **damit** sie den Zug noch erreicht.
　　彼女はその列車に間に合うためには，急がなければいけない．

Entschuldigen Sie bitte, **dass** ich Sie störe.
　　おじゃましてすみません．

Ich weiß nicht, **ob** er schon da ist.
　　私は彼がもうそこに着いているかどうか知りません．

Er arbeitet noch, **obwohl** er schon alt ist.
　　彼はもう年をとっているにもかかわらず，まだ働いている．

Während er arbeitet, raucht er nicht.
　　彼は仕事をしているあいだは，たばこを吸わない．

Er kann nicht kommen, **weil** er krank ist.
彼は病気なので，来ることができない．

Wenn es regnet, bleiben wir zu Hause.
もし雨が降れば，私たちは家にいます．

《**参考**》 熟語として用いられる次のような接続詞（相関的接続詞といいます）も重要ですから，その用法に習熟しましょう．

Sie kommt **nicht** heute, **sondern** morgen.
彼女が来るのはきょうではなくて，あすです．

Er ist **nicht nur** begabt, **sondern auch** fleißig.
彼は単に才能があるだけではなく，勤勉でもある．

Am Sonntag fahren wir **entweder** nach Kyoto **oder** nach Nara.
日曜日に私たちは京都か奈良へ行きます．

Ich habe **weder** Zeit **noch** Geld für die Reise.
私は旅行をする暇もお金もありません．

Er ist **zwar** alt, **aber** noch sehr energisch.
彼は確かに年をとっているが，まだたいへん精力的だ．

Du musst **so** schnell **wie** möglich kommen.
君はできるかぎり早く来ないといけないよ．

Heute ist es **nicht so** warm **wie** gestern.
きょうはきのうほど暑くはない．

Sie spricht **sowohl** Englisch **als auch** Französisch.
彼女は英語もフランス語も話します．

Er sprach so leise, **dass** man ihn kaum verstehen konnte.
彼はたいへん小さな声で話したので，彼の言うことがほとんど分からなかった．

Kaum hatte er im Kino Platz genommen, **als** auch schon das Licht ausging.
彼が映画館の席に座るやいなや，照明が消えた．

 練 習 問 題 （解答は 192 ページ）

（**例題**） 次の〈問い1〉〈問い2〉について，(1)～(5)の文で（ ）の中に入れるのに最も適切なものをそれぞれ下の1～7のうちから選び,その番号を（ ）

の中に記入しなさい．なお，文頭に来る場合も小文字にしてあります．

〈問い1〉

(1) Wir hoffen für ihn, (　　) er bald wieder gesund wird.

(2) Ich wollte gerade weggehen, (　　) meine Tante kam.

(3) Er kam zur Arbeit, (　　) er eine leichte Grippe hatte.

(4) Stell die Milch in den Kühlschrank, (　　) sie nicht sauer wird.

(5) (　　) es plötzlich zu regnen begann, mussten wir auf halbem Weg umkehren.

1	als	2	da	3	damit	4	dass
5	indem	6	obwohl	7	wenn		

〈問い2〉

(1) Das Haus ist innen sehr geräumig, (　　) es von außen etwas klein aussieht.

(2) (　　) er zur Arbeit geht, bringt er das Kind in den Kindergarten.

(3) Ich musste noch einmal ins Haus zurückgehen, (　　) ich meine Autoschlüssel vergessen hatte.

(4) (　　) sie Deutsch gelernt hatte, begann sie ihr Studium in Bonn.

(5) Er hat sehr schnell gesprochen, (　　) ich nicht alles verstehen konnte.

1	dass	2	bevor	3	nachdem	4	obgleich
5	sodass	6	während	7	weil		

5 関係代名詞

過去問 次の(1)～(6)の文で（ ）の中に入れるのに最も適切なものを下の1～4のうちから選び，その番号を解答欄〈省略〉に記入しなさい．

(1) Ich lese den Roman, （ ） ich aus der Bibliothek ausgeliehen habe.
　　1 dem　　　2 den　　　3 der　　　4 dessen
（'11年春）

(2) Kennen Sie den Studenten, （ ） Vater ein berühmter Politiker ist ?
　　1 denen　　2 deren　　3 derer　　4 dessen
（'09年秋）

(3) Wie heißt die Schauspielerin, mit （ ） Herr Müller verheiratet ist ?
　　1 den　　　2 der　　　3 deren　　　4 die
（'20年冬）

(4) （ ） die rote Karte bekommt, darf nicht mehr mitspielen.
　　1 Wer　　　2 Wessen　　3 Wem　　　4 Wen
（'17年夏）

(5) Habt ihr alles verstanden, （ ） ich euch gesagt habe ?
　　1 dass　　　2 was　　　3 worüber　　4 wovon
（'18年夏）

(6) In diesem Winter bleibe ich eine Woche in Berlin, （ ） meine Schwester jetzt als Ärztin arbeitet.
　　1 wann　　　2 was　　　3 das　　　4 wo
（'07年秋）

ヒント

(1) 先行詞は Roman（男・単）．（ ）内の語は関係代名詞の4格（～を）ですね．

(2) 先行詞は Student（男・単）．（ ）内の語は関係代名詞の2格（～の）ですね．

(3) この場合，関係代名詞の前に前置詞が付いています．mit の格支配は？

(4)～(6) (4)(5)については**学習のポイント③**を，(6)については**学習のポイント④**を再チェックしてください．

解答　　(1) 2　　(2) 4　　(3) 2　　(4) 1　　(5) 2　　(6) 4

101

① **関係代名詞 der**

a)　関係代名詞の性（男・女・中）と数（単・複）は先行詞と一致し，格（1
　　〜4格）は関係文中の役割によって決まります.

b)　関係文は副文（＝英語の従属節）ですから，その定動詞は〈文末〉に置
　　かれます.

c)　関係文は，主文とコンマで区切られます.

Kennen Sie *das Kind*, **das** dort spielt?
　あそこで遊んでいるあの子供を知っていますか？

Kennen Sie *das Kind*, **dessen** Namen ich vergessen habe?
　名前を忘れてしまったのですが，あの子供を知っていますか？

Kennen Sie *das Kind*, **dem** ich das Eis gekauft habe?
　私がアイスクリームを買ってやったあの子供を知っていますか？

Kennen Sie *das Kind*, **das** ich gerade gefragt habe?
　いま私が尋ねごとをしたあの子供を知っていますか？

Heute habe ich *den Brief* bekommen, auf **den** ich schon lange gewartet
habe.
　私はきょう，すでに長い間待っていたその手紙を受け取った.

② **関係代名詞 der の格変化**

	男	女	中	複
1格	der	die	das	die
2格	dessen*	deren*	dessen*	deren* (*derer* **)
3格	dem	der	dem	denen*
4格	den	die	das	die

＊印の箇所が定冠詞の形と異なることに注意しましょう.

＊＊ derer は関係代名詞の「先行詞」として用いられる形です.

Hier ist die Liste *derer*, die wir eingeladen haben.
　私たちが招待した人たちのリストがここにあります.

③ **関係代名詞 wer**「…する人はだれでも」と **was**「…するもの（こと）は何でも」

Wer unseren Chef sprechen will, muss sich im Vorzimmer anmelden.
　私たちの上司にご用のある方は，受付でお申し付けください.

Was Sie gesagt haben, ist ganz richtig.
　あなた［がた］の言ったことは，まったく正しい.

《**参考**》　was は，特定の先行詞（das, alles, etwas, nichts や中性名詞化された最上級の形容詞など）と結びついて用いられることがあります.

Wie viel Geld hast du? — Zehn Euro, das ist *alles*, **was** ich habe.
　いくらお金を持ってる？—10ユーロだ，これが所持金のすべてだよ.

Die Verkäuferin zeigte uns *etwas*, **was** wir kaufen wollen.
　女店員は私たちが買いたいものを私たちに見せてくれた.

Das ist *das Beste*, **was** ihr tun könnt.
　それは君たちにできる最善のことだ.

④ **関係副詞 wo**

Hier ist das Hotel, **wo** ich eine Woche gewohnt habe.
　ここは私が一週間泊まっていたホテルです.

Er verlässt die Stadt, **wo** er zwei Jahre studiert hat.
　彼は2年間大学に通ったその町を去る.

103

練習問題

例題 次の(1)～(10)の文で（　）の中に入れるのに最も適切なものをそれぞれ下の1～4のうちから選び，その番号を○印で囲みなさい.

(1) Sie fährt zu ihren Eltern, (　　) auf dem Land wohnen.

　　1　die　　2　der　　3　denen　　4　wo

(2) Das Mädchen, (　　) da steht, ist meine Schwester.

　　1　die　　2　das　　3　der　　4　wer

(3) Zeigen Sie mir bitte den Koffer, (　　) Sie gekauft haben.

　　1　der　　2　den　　3　dem　　4　was

(4) Wir sahen einen Film, (　　) Inhalt uns schon durch einen Roman bekannt war.

　　1　der　　2　den　　3　dem　　4　dessen

(5) Ist das die Frau, von (　　) Sie gesprochen haben?

　　1　der　　2　die　　3　deren　　4　da

(6) Jetzt spielt man das Theaterstück, von (　　) ich dir vor einiger Zeit erzählt habe.

　　1　das　　2　dem　　3　denen　　4　dessen

(7) (　　) das Buch lesen möchte, dem gebe ich es.

　　1　Wem　　2　Wer　　3　Wessen　　4　Wen

(8) Ich habe dich nicht verstanden, wiederhole bitte, (　　) du gesagt hast.

　　1　wie　　2　dass　　3　was　　4　wann

(9) Ich habe alles versucht, (　　) in meiner Macht stand.

　　1　die　　2　welche　　3　das　　4　was

(10) Das ist das Schönste, (　　) ich je erlebt habe.

　　1　das　　2　was　　3　warum　　4　welches

104

掲示のいろいろ

a) 警告・注意の掲示

Achtung！注意　　　Gefahr！危険

Vorsicht Stufen！階段あり注意

Vorsicht, frisch gestrichen！ペンキ塗りたて注意

Halt！止まれ，ストップ

b) 禁止の掲示

Rauchen verboten　禁煙

Parken verboten　駐車禁止　　　Keine Einfahrt　進入禁止

Zutritt verboten／Kein Zutritt　立ち入り禁止

Durchgang verboten／Kein Durchgang　通り抜け禁止

Schutt abladen verboten　ごみを捨てないでください

Rasen nicht betreten　芝生に入らないでください

Bitte nicht berühren　手を触れないでください

Nicht hinauslehnen　窓から身を乗り出さないでください

c) 誘導の掲示

Eingang　入口 —— Ausgang　出口

Notausgang　非常口

Zu den Bahnsteigen　プラットホームはこちら

Zu den Gleisen 6, 7　6番線，7番線はこちら

Herren　男性用[トイレ] —— Damen　女性用[トイレ]

d) その他の掲示

Geöffnet　開店 —— Geschlossen　閉店

Drücken　押してください —— Ziehen　引いてください

Abfahrt　発車 —— Ankunft　到着

Raucher　喫煙車 —— Nichtraucher　禁煙車

Reserviert　予約済

besetzt　使用中（トイレなど）—— frei　空き

（過去問） 次の(1)～(5)の文で（　　）の中に入れるのに最も適切なものを下の1～4のうちから選び，その番号を解答欄〈省略〉に記入しなさい.

(1) Weil ich jeden Morgen um 7 zur Arbeit gehe, bin ich es gewohnt, früh（　　）.
　　1 aufstehen　2 aufgestanden　3 aufstand　4 aufzustehen
　　　　　　　　　　　　　　　　　　　　　　　　　　　（'08 年秋）

(2) （　　）mich nicht zu erkälten, ziehe ich mich warm an.
　　1 Damit　　2 Ohne　　3 Statt　　4 Um
　　　　　　　　　　　　　　　　　　　　　　　　　　　（'13 年春）

(3) Das schmutzige Auto（　　）sofort zu waschen.
　　1 muss　　2 ist　　3 wird　　4 hat
　　　　　　　　　　　　　　　　　　　　　　　　　　　（'17 年夏）

(4) Florian hat mir versprochen, heute spätestens um 20 Uhr nach Hause（　　）.

　　1 zurückkommt　　　　2 zurückzukommen
　　3 zurückkommen　　　4 zurückgekommen
　　　　　　　　　　　　　　　　　　　　　　　　　　　（'16 年夏）

(5) Es tut mir leid, deinen Geburtstag vergessen（　　）.
　　1 habe　　2 hat　　3 wurde　　4 zu haben
　　　　　　　　　　　　　　　　　　　　　　　　　　　（'18 年冬）

（ヒント）
(1) es はコンマのうしろの zu 不定詞句を受けます. 分離動詞については48ページをご参照ください.
(2)～(4) **学習のポイント**を再チェックしましょう.
(5) 完了不定詞については88ページをご参照ください.
　　　　　　　　　　解答　(1) 4　(2) 4　(3) 2　(4) 2　(5) 4

（学習のポイント） 次のような用法に注意しましょう.
(1) haben＋zu 不定詞「…しなければならない」

Ich **habe** jetzt noch **zu** arbeiten.
私はいままだ仕事をしなければならない.

Wir **hatten** eine hohe Summe **zu** zahlen.
私たちは高い金額を支払わなければならなかった.

(2)　sein＋zu 不定詞「…されうる／…されるべきだ」

Das Buch **ist** schwer **zu** verstehen.
その本は理解しにくい.

Hunde **sind** an der Leine **zu** führen.
犬はリードにつないで連れ歩かないといけない.

(3)　brauchen＋zu 不定詞「…する必要がある」

Morgen **brauchst** du nicht **zu** kommen.
君はあすは来る必要はないよ.

(4)　scheinen＋zu 不定詞「…のように思われる」

Herr Tanakas Krankheit **scheint** ziemlich schwer **zu** sein.
田中さんの病気はかなり重いようです.

(5)　um＋zu 不定詞「…するために／…すぎて…できない」

Er studiert an einer Technischen Hochschule, **um** Ingenieur **zu** werden.
彼はエンジニアになるために工業大学で勉強している.

Er ist zu müde, **um** weiter **zu** arbeiten.
彼はひどく疲れているので，これ以上働くのは無理です.

(6)　ohne＋zu 不定詞「…せずに」

Plötzlich lief sie weg, **ohne** ein Wort **zu** sagen.
彼女は一言も言わずに急に走り去った.

(7)　「da[r]＋前置詞」にかかる不定詞句

Ich freue mich **darauf**, nach Deutschland **zu** reisen.
私はドイツへ旅行するのを楽しみにしています.

Sie hat sich **daran** gewöhnt, früh auf**zu**stehen.
彼女は早起きに慣れた.

(8)　es にかかる zu 不定詞句

Es ist wirklich ein Genuss, Mozarts Musik **zu** hören.
モーツァルトの音楽を聴くのは実に楽しみだ.

Ich halte **es** für meine Pflicht, ihm **zu** helfen.
彼を助けることは私の責務だと思っています.

例題 1 次の(1)～(7)の文で（　　）の中に入れるのに最も適切なものをそれぞれ下の1～4のうちから選び，その番号を○印で囲みなさい．

(1) Meine Eltern (　　) noch 500 Euro zu zahlen.

　1　müssen　　2　haben　　3　sein　　4　werden

(2) Daran (　　) nicht mehr zu zweifeln.

　1　hat　　2　kann　　3　ist　　4　muss

(3) Er hat die Absicht, bald (　　).

　1　zurückkommen　　2　zu zurückkommen　　3　zurückzukommen
　4　kommen zurück

(4) Mein Sohn scheint lange (　　) zu haben.

　1　schläft　　2　schlafen　　3　schlief　　4　geschlafen

(5) Wann müssen wir losgehen, (　　) den Zug zu erreichen?

　1　für　　2　um　　3　statt　　4　ohne

(6) Vor uns (　　) du keine Angst zu haben.

　1　brauchst　　2　nötigst　　3　musst　　4　kannst

(7) Ich habe zu wenig Geld, um das Kleid kaufen (　　).

　1　kann　　2　können　　3　konnte　　4　zu können

例題 2 次の(1)～(8)の文において，それぞれ下の1～5の語をすべて用いて下線部を補い，与えられた日本語に相当するドイツ語にしなさい．そのうち，（　　）の中にはいずれの語を入れるべきか，1～5のうちから選んで，その番号を○印で囲みなさい．

(1) 医者は私が再び働くことを許可した．

　Der Arzt ＿＿＿＿ ＿＿＿＿ erlaubt, (＿＿＿＿) ＿＿＿＿ ＿＿＿＿.

　　1　arbeiten　　2　hat　　3　zu　　4　mir　　5　wieder

(2) 私はここではドイツ語を話す機会がまったくありません.

　　Ich habe hier _____ _____ Gelegenheit, (_____) _____ _____.

　　1　Deutsch　　2　keine　　3　gar　　4　sprechen　　5　zu

(3) 彼女はあと3学期間，大学で勉強しなければならなかった.

　　Sie _____ noch _____ _____ (_____) _____.

　　1　studieren　　2　Semester　　3　zu　　4　drei　　5　hatte

(4) 病気の最初の徴候は早い時期に認められていた.

　　Die ersten Zeichen _____ _____ (_____) früh _____ _____.

　　1　Krankheit　　2　erkennen　　3　zu　　4　der　　5　waren

(5) この列車で行くのなら，君は乗り換える必要はありません.

　　Wenn _____ _____ diesem Zug _____, (_____) du nicht _____.

　　1　brauchst　　2　mit　　3　umzusteigen　　4　du　　5　fährst

(6) 昼食を食べるために，私たちはまずレストランに入った.

　　Zuerst _____ _____ in ein Restaurant, (_____) zu Mittag _____

　　_____.

　　1　zu　　2　gingen　　3　um　　4　essen　　5　wir

(7) 彼は外国語の勉強を終えないまま外国へ行く.

　　Er fährt ins _____, ohne die fremde _____ _____ _____ (_____).

　　1　Sprache　　2　haben　　3　gelernt　　4　Ausland　　5　zu

(8) 外国の町でショーウィンドーをのぞくのは興味深い.

　　Es _____ _____, in einer fremden _____ _____ (_____).

　　1　ist　　2　Schaufenster　　3　anzuschauen　　4　interessant

　　5　Stadt

7 受 動

(1) Diese Firma (　　) am Ende des 19. Jahrhunderts gegründet.

    1　haben　　　2　hat　　　　3　waren　　　4　wurde

                                                   ('22年夏)

(2) Dieses Haus ist vor 20 Jahren gebaut (　　).

    1　geworden　2　werden　　3　worden　　4　wurde

                                                   ('12 年春)

(3) Wegen der Baustelle (　　) die Straße seit gestern gesperrt.

    1　hat　　　　2　ist　　　　3　lässt　　　4　muss

                                                   ('21 年夏)

(4) (　　) wurde bei der Arbeit geholfen.

    1　Meiner　　2　Mir　　　　3　Sich　　　4　Mich

                                                   ('02 年春)

(5) Das Auto muss sofort repariert (　　).

    1　werden　　2　wird　　　3　worden　　4　zu werden

                                                   ('19 年夏)

ヒント

(1) **学習のポイント①**を再チェックしましょう.

(2) 現在完了の受動文は，「完了の助動詞 sein の現在人称変化…過去分詞 + worden（文末)」の文型になります. worden の形に注意してください.

(3)～(5)　(3)は**学習のポイント②**を，(4)は**学習のポイント③**を，(5)は**学習のポイント④**を再チェックしましょう.

                解答　　(1) 4　　(2) 3　　(3) 2　　(4) 2　　(5) 4

学習のポイント

① **受動**「…される」

受動＝受動の助動詞 werden ＋過去分詞（文末）

受動の現在，過去，現在完了は，次のような文型になります.

現在	Der Verletzte **wird** ins Krankenhaus **gebracht**.

その負傷者は病院へ運ばれる.

過去	Der Verletzte **wurde** ins Krankenhaus **gebracht**.
現在完了	Der Verletzte **ist*** ins Krankenhaus **gebracht worden****.

* 完了の助動詞は haben ではなく, かならず **sein** になります. worden
 (<werden) は, 完了の助動詞として sein をとりますから.

＊＊受動の助動詞 werden の過去分詞は geworden ではなく, (重苦しい
 重複感を避けるために) **worden** となりますので注意しましょう.

② 状態受動

sein＋過去分詞（文末）は,「…されている」という状態を意味します.

Das Geschäft **ist** von 9 bis 17 Uhr **geöffnet**.
その店は9時から17時まで開いています.

Wir mussten umkehren, weil die Straße **gesperrt war**.
道路が閉鎖されていたので, 私たちは引き返さざるをえなかった.

③ 自動詞の受動

自動詞の場合は, 受動文の主語として形式的に **es** を用います（3格目的
語は主語になることはできません）. この es は文頭以外では省略されます.

Der Mann hilft mir. 　　その男の人が私を助けてくれる.

→ **Es wird** mir von dem Mann **geholfen**.
 Mir **wird** von dem Mann **geholfen**.
　　私はその男の人に助けてもらう.

④ 話法の助動詞・未来（推量）の助動詞＋受動不定詞*

* 受動不定詞（＝本動詞の過去分詞＋受動の助動詞 werden）とは,「受
 動の意味を含んだ不定詞」のことです.

Nylon **darf** nicht heiß **gebügelt werden**.
ナイロンは高温でアイロンをかけてはいけない.

Vor einer Woche **musste** er **operiert werden**.
一週間前に彼は手術を受けなければならなかった.

Das Geschäft **wird** morgen zweifellos **geschlossen werden**.
その店はあすきっと閉店になるだろう.

例題 1 次の(1)～(8)の文で（　）の中に入れるのに最も適切なものをそれぞれ下の1～4のうちから選び，その番号を○印で囲みなさい．

なお，選択肢の中には，実際にはないのに，学習者が誤って用いる形も一部含まれています．

(1) Der Briefkasten (　　) täglich viermal geleert.
　　1　hat　　2　ist　　3　wird　　4　soll

(2) Die Buchdruckerkunst wurde (　　) Gutenberg erfunden.
　　1　durch　　2　mit　　3　bei　　4　von

(3) Im Deutschen wird in der Regel die erste Silbe (　　).
　　1　betonen　　2　betont　　3　gebetont　　4　begetont

(4) Er sah im Lexikon nach, wann Goethe geboren (　　).
　　1　wird　　2　worden　　3　geworden　　4　wurde

(5) Der Text wurde aus dem Deutschen ins Japanische (　　).
　　1　übersetzen　　2　übergesetzt　　3　übersetzt　　4　geübersetzt

(6) Während der Vorstellung darf nicht geraucht (　　).
　　1　wird　　2　worden　　3　werden　　4　geworden

(7) Ich habe keine Zeit mitzukommen, und außerdem (　　) ich auch gar nicht eingeladen.
　　1　bin　　2　werde　　3　möchte　　4　kann

(8) Sie kaufte in einem Supermarkt ein, weil das Kaufhaus geschlossen (　　).
　　1　hat　　2　worden　　3　war　　4　werden

例題 2 次の(1)～(7)の文において，それぞれ下の1～5の語をすべて用いて下線部を補い，与えられた日本語に相当するドイツ語にしなさい．そのうち，

（　　）の中にはいずれの語を入れるべきか，1〜5のうちから選んで，その番号を○印で囲みなさい。

(1) 現代ドイツ語ではこの単語はまれにしか用いられない．

Im modernen Deutsch (＿＿＿) ＿＿＿＿ ＿＿＿＿ nur ＿＿＿＿ ＿＿＿＿.

1　selten　　2　Wort　　3　wird　　4　gebraucht
5　dieses

(2) そのサッカーの試合は，きょうテレビで中継放送される．

Das Fußballspiel ＿＿＿＿ ＿＿＿＿ ＿＿＿＿ ＿＿＿＿ (＿＿＿).

1　vom　　2　übertragen　　3　wird　　4　Fernsehen　　5　heute

(3) 暗くなると，通りの街灯は点灯される．

Wenn es dunkel ＿＿＿＿, (＿＿＿) ＿＿＿＿ ＿＿＿＿ auf der Straße ＿＿＿＿.

1　werden　2　Laternen　3　angezündet　4　die　5　wird

(4) その事故で3人が負傷した．

Bei dem Unglück ＿＿＿＿ ＿＿＿＿ ＿＿＿＿ ＿＿＿＿ (＿＿＿).

1　Personen　　2　worden　　3　drei　　4　verletzt
5　sind

(5) 私たちが要求したいくつものことが実現した．

Manches, was wir ＿＿＿＿ ＿＿＿＿, (＿＿＿) ＿＿＿＿ ＿＿＿＿.

1　worden　　2　verwirklicht　　3　ist　　4　gefordert　　5　haben

(6) その店は月曜日以外は毎日開店している．

Das Geschäft ＿＿＿＿ ＿＿＿＿ ＿＿＿＿ ＿＿＿＿ außer montags (＿＿＿).

1　die　　2　ganze　　3　ist　　4　geöffnet　　5　Woche

(7) 彼は手術を受けなければならなかったので，一週間前に入院した．

Er kam vor einer Woche ins Krankenhaus, ＿＿＿＿ ＿＿＿＿ (＿＿＿) ＿＿＿＿ ＿＿＿＿.

1　operiert　　2　er　　3　weil　　4　musste　　5　werden

113

8　話法の助動詞に準ずる動詞／過去

過去問　次の(1)〜(4)の文で（　　）の中に入れるのに最も適切なものを下の1〜4のうちから選び，その番号を解答欄〈省略〉に記入しなさい.

(1)　Unser Chef lässt uns immer （　　）.

　　1　warten　　　2　zu warten　3　gewartet　　4　wartend

　　　　　　　　　　　　　　　　　　　　　　　　　　　　（'13年春）

(2)　Siehst du meine Tochter auf der Bühne （　　）?

　　1　getanzt　　2　tanzen　　3　tanzt　　　4　zu tanzen

　　　　　　　　　　　　　　　　　　　　　　　　　　　　（'20年冬）

(3)　Als ich klein war, （　　）es überhaupt keine DVDs.

　　1　gibt　　　2　gabt　　3　gegeben　　4　gab

　　　　　　　　　　　　　　　　　　　　　　　　　　　　（'09年秋）

(4)　Nachdem sie das Museum besucht hatten, （　　）sie zusammen ins Konzert.

　　1　geht　　　2　gegangen　3　gingen　　4　ging

　　　　　　　　　　　　　　　　　　　　　　　　　　　　（'10年春）

ヒント

(1)　文章の意味は，「私たちの上司はいつも私たちを待たせる」です.

(2)　**学習のポイント①**を再チェックしてください.

(3)　es gibt ~（〜がある）の過去です. **学習のポイント②**参照.

(4)　主語の sie が3人称の複数であることに注意してください.

　　　　　　　　　　　　　　　解答　(1)　1　　(2)　2　　(3)　4　　(4)　3

学習のポイント

① **話法の助動詞に準ずる動詞**

　　次のような動詞は，話法の助動詞（☞15ページ）と同様に zu のない不定詞とともに用いられ，完了時称の過去分詞がふつう**不定詞と同形**になります.

114

(1) lassen「…させる，…してもらう」(＝使役動詞)
Ich **lasse** den Schüler den Brief **schreiben.**
私はその生徒に手紙を書かせる.

Er **hat** den Film in einem Fotogeschäft **entwickeln lassen***.
彼はフィルムを写真屋で現像してもらった.

(2) sehen「見る」, hören「聞く」, fühlen「感じる」(＝知覚動詞)
Ich **sehe** ihn dort **kommen.**
彼があそこにやって来るのが見える.

Sie **hat** ihn mit seinem Freund **telefonieren hören***.
彼女は彼が彼の友だちと電話しているのを聞いた.

Er **fühlte** sein Herz vor Freude **schlagen.**
彼はうれしさのあまり心臓がドキドキするのを感じた.

(3) lernen「習う」, lehren「教える」
Meine Tochter **lernt** Klavier **spielen.**
私の娘はピアノを習っている.

Die Mutter **lehrt** ihr Kind **sprechen.**
母親は彼女の子供におしゃべりを教える.

　　*lassen, hören の過去分詞は不定詞と同形 (☞88ページ)

❷ **過去**「…した」
過去人称変化は，過去基本形に次の語尾を付けます.

不定詞	wohnen	haben	sein	nehmen
過去基本形	wohnte	hatte	war	nahm
ich　　―	wohnte	hatte	war	nahm
du　　―st	wohntest	hattest	warst	nahmst
er　　―	wohnte	hatte	war	nahm
wir　　―en*	wohnten	hatten	waren	nahmen
ihr　　―t	wohntet	hattet	wart	nahmt
sie　　―en*	wohnten	hatten	waren	nahmen

　＊過去基本形が -e で終わるときは, -n だけを付けます.

115

Im vorigen Jahr **war** ich zum ersten Mal in der Schweiz.
昨年私は初めてスイスに行きました.

Wir **waren** gestern Nachmittag nicht zu Hause.
私たちはきのうの午後は家にいませんでした.

Er **sagte**: ,,Einen Augenblick bitte, ich komme gleich!"
彼は,「ちょっと待ってください, すぐ来ますから」と言った.

Die alten Griechen **hatten** eine hohe Kultur.
古代ギリシア人たちは高度の文化を持っていた.

Heinrich Böll **erhielt** 1972 den Nobelpreis für Literatur.
ハインリッヒ・ベルは1972年にノーベル文学賞を受賞した.

| 練 習 問 題 | （解答は 192 ページ） |

例題 1 次の(1)〜(5)の文において, それぞれ下の1〜5の語をすべて用いて下線部を補い, 与えられた日本語に相当するドイツ語にしなさい. そのうち, （ ）の中にはいずれの語を入れるべきか, 1〜5のうちから選んで, その番号を○印で囲みなさい.

(1) あなたは子供たちがそこでサッカーをしているのを見かけましたか.

Haben ＿＿＿ die Kinder ＿＿＿ （＿＿＿） ＿＿＿ ＿＿＿?

1 dort 　2 sehen 　3 Fußball 　4 Sie 　5 spielen

(2) 事務所では誰の話し声も聞こえなかった.

Im Büro ＿＿＿ ＿＿＿ ＿＿＿ ＿＿＿ （＿＿＿）.

1 niemanden 　2 habe 　3 hören 　4 sprechen 　5 ich

(3) 私はきのう背広を仕立ててもらった.

Ich ＿＿＿ ＿＿＿ ＿＿＿ einen Anzug （＿＿＿） ＿＿＿.

1 gestern 　2 lassen 　3 habe 　4 machen 　5 mir

(4) 君がたいへん疲れていたので, ぼくは君を寝かせておいたんだ.

Ich habe dich （＿＿＿） ＿＿＿, weil ＿＿＿ so ＿＿＿ ＿＿＿.

1 müde 　2 lassen 　3 du 　4 warst 　5 schlafen

(5) 君の部屋のそばを通りかかったとき，君が歌っているのが聞こえた．

Als ich an deinem Zimmer vorbeikam, _____ _____ ( ) _____ _____.

1 dich　2 hören　3 ich　4 singen　5 habe

例題2 次の(1)～(6)の文で（　）の中に入れるのに最も適切なものをそれぞれ下の1～4のうちから選び，その番号を○印で囲みなさい．

(1) 私は妻といっしょに何度かそこへ行った．

Ich (　) mit meiner Frau mehrmals dort.

1 werde　2 hatte　3 war　4 möchte

(2) 私たちはウィーンではすばらしい時を過ごした．

In Wien (　) wir eine schöne Zeit.

1 war　2 waren　3 hatte　4 hatten

(3) 若い人たちは音楽とダンスにうち興じた．

Die jungen Leute (　) viel Freude an Musik und Tanz.

1 fand　2 fandet　3 fanden　4 gefunden

(4) 3日後，彼は再び元気になった．

Nach drei Tagen (　) er wieder gesund.

1 wurde　2 wurdet　3 worden　4 geworden

(5) 彼がなぜそんなことをしてしまったのか，私たちには理解できなかった．

Wir (　) nicht verstehen, warum er so etwas getan hat.

1 könnte　2 könnten　3 konnte　4 konnten

(6) その交通事故で2人が死亡した．

Bei dem Verkehrsunfall (　) zwei Menschen getötet.

1 wurde　2 wurden　3 würden　4 geworden

117

⑨ 形容詞の格変化／数詞（序数）／比較

ヒント

(1) **学習のポイント①**を再チェックしてください．aller は dieser 型の定冠詞類（☞22ページ）ですから形容詞の変化は弱変化，そして複数の1格ですね．

(2) 特に**学習のポイント①**の《参考》をご参照ください．（　）内の名詞化した形容詞は混合変化，男単数3格ですね．

(3)(4) **学習のポイント③**を再チェックしてください．

        解答   (1) 4   (2) 3   (3) 2   (4) 2

学習のポイント

① 形容詞の格変化

形容詞が名詞の前に置かれて付加語的に用いられる場合，形容詞は名詞の性・

数・格に応じた格変化をします．形容詞の前に冠詞類があるかないか，また
その冠詞類の種類（☞22ページおよび27ページ）によって，次のように強
変化，弱変化，混合変化という三つの種類の変化があります．

(1) 強変化（形＋名）

形容詞が定冠詞型の変化をします．ただし，男・中の2格は -en となること
に注意しましょう．

	男		女		中	
1格	roter	Wein	frische	Milch	kaltes	Wasser
2格	roten	Weins	frischer	Milch	kalten	Wassers
3格	rotem	Wein	frischer	Milch	kaltem	Wasser
4格	roten	Wein	frische	Milch	kaltes	Wasser

	複	
1格	lange	Ferien
2格	langer	Ferien
3格	langen	Ferien
4格	lange	Ferien

(2) 弱変化（定冠詞[類]＋形＋名）

男1格，女・中1格・4格が -e で，ほかはすべて -en です．

	男			女		
1格	der	junge	Sohn	die	schöne	Tochter
2格	des	jungen	Sohnes	der	schönen	Tochter
3格	dem	jungen	Sohn	der	schönen	Tochter
4格	den	jungen	Sohn	die	schöne	Tochter

	中			複		
1格	das	kleine	Kind	die	alten	Eltern
2格	des	kleinen	Kindes	der	alten	Eltern
3格	dem	kleinen	Kind	den	alten	Eltern
4格	das	kleine	Kind	die	alten	Eltern

(3) 混合変化（不定冠詞[類]＋形＋名）

　　男1格，中1格・4格が定冠詞型であるほかは，すべて弱変化と同じです．

		男				女	
1格	ein	großer	Stein		eine	kleine	Vase
2格	eines	großen	Steins		einer	kleinen	Vase
3格	einem	großen	Stein		einer	kleinen	Vase
4格	einen	großen	Stein		eine	kleine	Vase

		中				複	
1格	ein	neues	Buch		meine	alten	Eltern
2格	eines	neuen	Buches		meiner	alten	Eltern
3格	einem	neuen	Buch		meinen	alten	Eltern
4格	ein	neues	Buch		meine	alten	Eltern

《参考》 形容詞の名詞化

　　形容詞はそのうしろの名詞を省略して，代わりに形容詞の頭文字を大文字にして名詞として用いられます．格変化は，形容詞の変化に従います．

男	der deutsche	Mann	→	der Deutsche
女	die deutsche	Frau	→	die Deutsche
複	die deutschen	Leute	→	die Deutschen
男	ein deutscher	Mann	→	ein Deutscher
女	eine deutsche	Frau	→	eine Deutsche

　(注)　男 女 複の場合は，それぞれ「…の男の人」「…の女の人」「…の人々」を表します．中の場合は「…のこと（もの）」を表しますが，たびたび etwas, nichts とともに用いられます．

　　　　etwas Interessantes　　何かおもしろいこと
　　　　nichts Neues　　何も新しいことは…ない

② **数詞（序数）**

　　「第19の」までは基数（☞43ページ）に -t を付けてつくります．

120

1.	erst	6.	sechst	11.	elft	16.	sechzehnt
2.	zweit	7.	siebt	12.	zwölft	17.	siebzehnt
3.	dritt	8.	acht	13.	dreizehnt	18.	achtzehnt
4.	viert	9.	neunt	14.	vierzehnt	19.	neunzehnt
5.	fünft	10.	zehnt	15.	fünfzehnt		

「第20の」以上には，原則として基数に -st を付けてつくります．

20.	zwanzigst	30.	dreißigst	100.	hundertst
21.	einundzwanzigst	40.	vierzigst	101.	hunderterst
22.	zweiundzwanzigst	50.	fünfzigst	102.	hundertzweit
29.	neunundzwanzigst	90.	neunzigst	1 000.	tausendst

《参考》 序数には形容詞の格変化語尾が付きます．

mein zweiter Sohn 私の次男　　　die neunte Sinfonie 第 9 交響曲

am 9. (＝neunten) April 4 月 9 日に

Ludwig II. (＝der Zweite) ルートヴィヒ 2 世

③ 比較

(1) 比較級・最上級のつくり方

　形容詞の比較級・最上級は，それぞれ -er, -[e]st を付けてつくります．単音節の語はほとんどの場合変音し，また，不規則な変化をするものも少数あります．（英語のような *more, most* を付ける形はありません．)

　副詞の比較級は形容詞の場合と同形ですが，最上級は **am ──sten** の形になります．不規則な変化をするものも少数あります．

原級	比較級	最上級	原級	比較級	最上級
klein	kleiner	kleinst	hoch	**höher**	höchst
heiß	heißer	heißest	nah[e]	näher	**nächst**
lang	länger	längst	gut	**besser**	best
alt	älter	ältest	viel	**mehr**	meist
groß	größer	**größt**	gern	**lieber**	**am liebsten**

(2)　比較級・最上級の用法

Der Turm ist zehn Meter **höher** *als* das Gebäude.
その塔はあのビルより10メートル高い.

Am 1. (＝ersten) April ziehen wir in eine **größere** Wohnung um.
私たちは4月1日にもっと大きな住まいに引っ越します.

Dies ist der **kürzeste** Weg nach Haus.
これが家までの一番の近道です.

Ich trinke **lieber** Tee *als* Kaffee.
私はコーヒーよりも紅茶が好きです.

Im Herbst werden die Tage *immer* **kürzer**.
秋になると昼間がますます短くなる.

Immer **mehr** Touristen strömen auf die Insel. (注：mehr は無語尾)
ますます多くの観光客がその島へ押し寄せる.

Das Rathaus ist *viel* **höher** als die Turnhalle.
市庁舎は体育館よりもはるかに高い.

Je **länger** Wein liegt, *um so* **besser** (または *desto* **besser**) wird er.
ワインは長くねかしておけばおくほどよい.

Wie kommt man **am schnellsten** zum Bahnhof?
駅まで最も速く行くにはどう行けばよいでしょうか？

┌──────────────────────┐
│　　練　習　問　題　　│　　（解答は 192 ページ）
└──────────────────────┘

例題　次の(1)〜(8)の文で（　　）の中に入れるのに最も適切なものをそれぞれ下の1〜4のうちから選び，その番号を○印で囲みなさい.

(1)　Ich habe nur (　　) Geld bei mir.
　　1　klein　　2　kleinen　　3　kleines　　4　kleine

(2)　Entschuldigung! Wo ist die (　　) Tankstelle?
　　1　nächste　　2　nächster　　3　nächsten　　4　nächst

(3)　Mein (　　) Bruder arbeitet bei einer Bank.
　　1　älteste　　2　ältester　　3　ältesten　　4　ältest

(4) Im ( ) Jahr sind die Preise stark gestiegen.

    1 letzten   2 letzter   3 letzte   4 letztem

(5) Sie reicht dem ( ) ein Glas Wasser.

    1 Kranker   2 Kranke   3 Kranken   4 Krankem

(6) Das Kleid ist mir zu teuer. Zeigen Sie mir etwas ( )!

    1 Billigere   2 Billigeres   3 Billigeren   4 Billiger

(7) Der Wievielte ist heute? — Heute ist der ( ).

    1 fünf   2 fünft   3 fünfte   4 fünften

(8) Die Rechnung muss bis zum ( ) September bezahlt werden.

    1 acht   2 achte   3 achtem   4 achten

過去問　次の(1)～(4)の文で（　　）の中に入れるのに最も適切なものを下の1～4のうちから選び，その番号を解答欄〈省略〉に記入しなさい.

(1) Es wäre schön, wenn ihr nach Österreich kommen（　　）.

    1 könnte   2 konnte   3 könntet   4 konntet

（'10 年秋）

(2) （　　）Sie mir bitte sagen, wie ich zum Bahnhof komme？

    1 Werden   2 Wird   3 Wurden   4 Würden

（'11 年秋）

(3) Ohne deine Hilfe（　　）ich das nicht geschafft.

    1 bin   2 war   3 hätte   4 haben

（'14 年春）

(4) Marco ist Italiener. Er spielt so gut Deutsch, als ob er ein Deutscher（　　）.

    1 haben   2 hätte   3 wäre   4 waren

（'20年冬）

ヒント

(1) 文章の意味は，「君たちがオーストリアに来ることができるなら，すばらしいのだが」です. **学習のポイント①, ②**をご参照ください.

(2) **学習のポイント④**をご参照ください.

(3) **学習のポイント②**をご参照ください. 文章の意味は，「君の助けがなかったら，私はそれをやり遂げることができなかっただろう」です.

(4) **学習のポイント⑤**をご参照ください. 文章の意味は，「マルコはイタリア人です. 彼は，まるでドイツ人であるかのように上手にドイツ語を話します」です.

解答　(1) 3　(2) 4　(3) 3　(4) 3

要求話法および間接話法については，用いられる頻度が比較的少ない（従って，独検3級での出題は極めて少ない）ので本書では思い切って割愛し，非現実話法（英語の仮定法に当たります）についてのみ，説明することにしましょう．

① 接続法第2式の人称変化（現在）

a) 規則変化動詞は直説法の過去人称変化と同形

b) 不規則変化動詞は直説法の過去基本形をもとにしてつくり，幹母音を変音させます．

現代ドイツ語では，次の動詞・助動詞が接続法第2式でよく用いられます．

（注）　話し言葉では，次の②に示すように würde＋不定詞が多用されます．

			（不規則変化）		（規則変化）
不定詞	haben	sein	werden	können	kaufen
過去基本形	hatte	war	wurde	konnte	kaufte
ich -e	hätte	wäre	würde	könnte	kaufte
du -est	hättest	wär[e]st	würdest	könntest	kauftest
er -e	hätte	wäre	würde	könnte	kaufte
wir -en	hätten	wären	würden	könnten	kauften
ihr -et	hättet	wär[e]t	würdet	könntet	kauftet
sie -en	hätten	wären	würden	könnten	kauften

② 非現実話法の用法

事実に反する事柄や実現が不可能な事柄を表すときなどに，非現実話法が用いられます．

a) 現在

Wenn ich Geld **hätte**, **würde** ich mir das Auto kaufen.

　　（＝Wenn ich Geld **hätte**, **kaufte** ich mir das Auto.）

　　もしお金があれば，私はその車を買うのだが．

Wenn ich durstig **wäre**, **würde** ich ein Glas Bier trinken.

　　のどがかわいているならば，私はビールを一杯飲むのだが．

b) 過去

Wenn der Schüler fleißig **gelernt hätte**, dann **hätte** er nicht so viele

Fehler **gemacht**.
まじめに勉強していたならば，その生徒はこんなに多くの間違いをしなかっただろうに．

Ohne dich **hätten** wir die Arbeit nicht **geschafft**.
君がいなかったならば，私たちはこの仕事をやり遂げていなかっただろう．

③ 実現不可能な願望

Wenn sie doch bald käme! (=**Käme*** sie doch bald!)
彼女がすぐに来ればなあ．

Wenn ich doch diesen Fehler nicht **gemacht hätte**!

　(=**Hätte*** ich doch diesen Fehler nicht **gemacht**!)
私がこの間違いをしていなかったならなあ．

　＊定動詞を文頭において，wen を省略することがあります．

④ えん曲な表現（外交的接続法）

事柄を断定的にではなく，えん曲に表現するときに用いられます．

Ich **möchte** Herrn Braun sprechen.
ブラウンさんにお目にかかりたいのですが．

Ich **hätte** gerne einen Rock für mich.
私用のスカートが欲しいのですが．

Könnten Sie mir das Salz herüberreichen?
塩をこちらに渡していただけますか？

⑤ 特定の語句とともに

a)　**als ob...**「まるで…のように」

Sie sieht so aus, *als ob* sie krank **wäre**.

　(=Sie sieht so aus, *als* **wäre*** sie krank.)
彼女はまるで病人みたいだ．

Er spricht Deutsch, *als ob* er ein Deutscher **wäre**.

　(=Er spricht Deutsch, *als* **wäre*** er ein Deutscher.)
彼はまるでドイツ人のようにドイツ語を話す．

　＊定動詞を als の次に置いて，ob を省略することがあります．

b)　**wenn auch...**「たとえ…であっても」

Wenn er *auch* anwesend **wäre**, **könnte** er uns doch nicht helfen.
たとえ彼がここにいたとしても，私たちを助けることはできないだろう．

126

c) **beinahe, fast**「あやうく」

Heute **hätte** er *beinahe* den Zug **verpasst**.
きょう彼はあやうく列車に乗り遅れるところだった．

Fast **wäre** das Kind **überfahren worden**.
もう少しでその子供は車にひかれるところだった．

練 習 問 題

（解答は 192 ページ）

例題 次の(1)〜(8)の文で（　　）の中に入れるのに最も適切なものをそれぞれ下の1〜4のうちから選び，その番号を○印で囲みなさい．

(1) Ich (　　) ihm schreiben, wenn ich seine Adresse wüsste.
　　1 wurde　　2 würde　　3 hatte　　4 wäre

(2) Wenn ich ihm gefolgt wäre, (　　) ich einen großen Fehler gemacht.
　　1 hätte　　2 würde　　3 wäre　　4 möchte

(3) Ich (　　) diese Vorstellung auf keinen Fall versäumen.
　　1 möge　　2 möchten　　3 mochte　　4 möchte

(4) (　　) du ein Stück Zucker zum Kaffee haben？
　　1 Möchte　　2 Möchten　　3 Möchtest　　4 Möchtet

(5) Ich habe eine Bitte. (　　) Sie das Fenster schließen？
　　1 Könnte　　2 Könnten　　3 Könntest　　4 Könntet

(6) Mir kam es vor, als ob ich schon Stunden gewartet (　　).
　　1 hätte　　2 hätten　　3 wäre　　4 wären

(7) Fast (　　) die Schüler den Fehler übersehen.
　　1 hätte　　2 hätten　　3 hättest　　4 hättet

(8) Das (　　) du mir doch sagen können！
　　1 hätte　　2 hätten　　3 hättest　　4 hättet

127

第3章 会話文と読解文

☐1 会話文

(過去問) 以下は，Stefan と Andrea の会話です．会話が完成するように，空欄（a）～（e）に入れるのに最も適切なものを，下の1～8から選び，その番号を解答欄〈省略〉に記入しなさい．

Stefan: Andrea, hast du den neuen Film über Shakespeare gesehen?

Andrea: Meinst du den Film, der seit letzter Woche in den Kinos läuft? (a)

Stefan: Ich habe ihn gestern angeschaut. Du musst ihn unbedingt auch sehen! Der war großartig!

Andrea: Wirklich? (b)

Stefan: Mir hat die Geschichte vom Liebespaar am besten gefallen. Sie war traurig, aber sehr schön.

Andrea: Das klingt interessant. (c)

Stefan: Der Film wurde von einem englischen Regisseur gemacht. Den Namen habe ich vergessen.

Andrea: Aha. Und wie lang ist der Film?

Stefan: Der ist relativ lang. (d)

Andrea: Okay. Ich gehe am Wochenende ins Kino. (e)

Stefan: Den habe ich im Kino in der Nähe von der Uni gesehen.

Andrea: Gut. Das mache ich auch.

1 Wie viel hat der Eintritt gekostet?

2 Nein, noch nicht. Und du?

3 Ja, natürlich! Hast du ihn gut gefunden?

4 Wo hast du den Film gesehen?

5 Etwa zwei Kilometer von hier.

6 Von wem ist der Film?

7 Was hat dir denn so gut gefallen?

8 Er dauert über zwei Stunden.

（'20年冬）

ヒント
(a) には，「ううん，まだだよ，君は？」の言葉を入れます．（以下同様です）
(b) 「君はいったい何がそんなに気に入ったの？」
(c) 「その映画は誰によるものなの？」
(d) 「それ2時間以上かかるよ」
(e) 「君はどこでその映画を見たの？」

解答 (a) 2　(b) 7　(c) 6　(d) 8　(e) 4

（過去問）　次の会話が完成するように，空欄(a)〜(e)の中に入れるのに最も適切なものを下の１〜８のうちから選び，その番号を解答欄〈省略〉に記入しなさい．

Verkäuferin： Guten Tag, kann ich Ihnen helfen?

Kunde： Guten Tag. Ja, ich suche Sportschuhe.

Verkäuferin：（　a　）

Kunde： Danke.

　　　　　　＊＊＊＊＊＊＊＊＊＊＊＊＊＊＊＊＊＊＊＊＊＊＊＊＊＊＊＊＊＊＊＊＊＊＊＊＊＊

Kunde： Entschuldigung, kann ich diese Schuhe anprobieren?

Verkäuferin： Ja, bitte.

Kunde: （　b　）Haben Sie die auch etwas größer?

Verkäuferin: Welche Größe haben Sie anprobiert?

Kunde: Größe 42.

Verkäuferin: Tut mir leid. （　c　）Wie gefallen Ihnen diese Schuhe hier?

Kunde: Diese Farbe finde ich nicht schön. （　d　）

Verkäuferin: Einen Moment, bitte. Ich muss im Lager nachsehen.

　　　　　　［ … ］

Verkäuferin: Leider haben wir dieses Modell in Schwarz nicht auf Lager.

Aber wir können es gern bestellen.

Kunde: Wie lange dauert das?

Verkäuferin: Ungefähr eine Woche. Ist das okay?

Kunde: Ja, das ist kein Problem.

Verkäuferin: (e)

Kunde: Danke schön.

1 In Größe 43 haben wir dieses Modell leider nicht.

2 Wir haben nur teure Schuhe.

3 Oh, diese sind zu klein.

4 Die sind dort hinten links.

5 Wir rufen Sie an, wenn die Schuhe da sind.

6 Die in Größe 42 sind noch nicht gekommen.

7 Brauchen Sie eine Plastiktüte?

8 Gibt es das Modell auch in Schwarz?

('12 年春)

ヒント Kunde 男 (店の) 客；Sportschuh 男 スポーツシューズ；an|probieren 試着する, (靴を) 履いてみる；Tut mir leid 申し訳ありません；gefallen (人³ の) 気に入る；Lager 男 (商品の) 倉庫；nach|sehen 調べる, 確かめる；bestellen 注文する, 取り寄せる；Wie lange dauert das? 時間はどれくらいかかりますか?；Die sind dort hinten links. それ (スポーツシューズ) はあちらの奥, 左手にあります；an|rufen (人⁴ に) 電話をする；Plastiktüte 女 ビニール袋

解答　(a) 4　(b) 3　(c) 1　(d) 8　(e) 5

　さまざまな場面での基本的な会話文を挙げておきますので，これらの言い
回しに慣れてください．さらに，少しずついろいろな状況における会話表現
を身につけましょう．なお，4級対策編54〜58ページの**学習のポイント**もご
参照ください．

①　銀行で（In der Bank）

ユーロに替えてください	In Euro bitte！
クレジットカードです．500ユーロお願いします	Hier ist meine Kreditkarte. Bitte fünfhundert Euro！
小銭も少し混ぜてください	Bitte auch etwas Kleingeld.
このお金をくずしていただけますか	Können Sie mir das Geld wechseln？
トラベラーズチェックを現金化したいのですが	Ich möchte diesen Reisescheck einlösen.

②　デパートで（Im Kaufhaus）

ブラウスが欲しいのですが	Ich hätte gern eine Bluse.
色が気に入りません	Die Farbe gefällt mir nicht.
もっと安いのはありませんか	Gibt es etwas Billigeres？
これはいくらですか	Was（または Wie viel）kostet das？
これにします	Das nehme ich.

③　郵便局で（Auf der Post）

これを航空便でお願いしたいのですが	Ich möchte das mit Luftpost schicken.
80セント切手を6枚ください	Sechs Briefmarken zu 80 Cent bitte！
記念切手はありますか	Haben Sie Sonderbriefmarken？
航空便で郵便料金はいくらですか	Was kostet das Porto mit Luftpost？
テレホンカードはどの窓口で買えますか	An welchem Schalter kann man Telefonkarten kaufen？

④ **空港で**（Im Flughafen）

ルフトハンザ航空のカウンターはどこでしょうか	Wo ist der Schalter von Lufthansa?
ミュンヒェンまでの航空券はいくらですか	Was kostet der Flugschein nach München?
何番ゲートでしょうか	Zu welchem Flugsteig muss ich gehen?
ミュンヒェンまでの飛行時間はどれくらいですか	Wie lange dauert es bis München?
これを機内に持ち込めますか	Kann ich das in die Maschine mitnehmen?

⑤ **電話での通話**（Telefongespräch）

こちらは田中です	Hier [spricht] Tanaka.
シュミットさん（男性）はいらっしゃいますか	Kann ich mit Herrn Schmidt sprechen?
シュミットさんは今ここにはいません	Herr Schmidt ist nicht da.
あとでまた電話します. ありがとうございました	Ich werde noch einmal telefonieren. Danke sehr.
さようなら	Auf Wiederhören.

⑥ **劇場のチケット売り場で**（An der Theaterkasse）

今晩なにかオペラはありますか	Gibt es heute Abend irgendeine Oper?
まだチケットは手に入りますか	Kann ich noch eine Karte bekommen?
席を予約したいのですが	Ich möchte einen Platz reservieren.
1階前方席を1枚ください	Ich möchte einen Platz im Parkett.
開演は何時ですか	Wann beginnt die Vorstellung?

⑦ **趣味**（Hobbys）

あなたはどんな趣味をお持ちですか	Was für Hobbys haben Sie?
私の趣味は料理をすることとスキーです	Meine Hobbys sind Kochen und Skifahren.

私の趣味は切手収集です   Mein Hobby ist das Briefmarkensammeln.

私は特にスポーツに興味があります   Ich interessiere mich besonders für Sport.

私はテニスがとても好きです   Ich spiele sehr gern Tennis.

⑧ 旅行案内所で (Im Reisebüro)

この町にはどんな観光名所がありますか   Welche Sehenswürdigkeiten gibt es hier in dieser Stadt?

市内観光バスはありますか   Gibt es Stadtrundfahrtbusse?

集合場所はどこですか   Wo ist der Treffpunkt?

宮殿はきょう見物できますか   Kann man heute das Schloss besichtigen?

歩いて何分ぐらいですか   Wie lange dauert es zu Fuß?

⑨ 写真 (Fotografieren)

ここで写真を撮ってもいいですか   Darf ich hier fotografieren?

私たちの写真を撮っていただけますか   Würden Sie bitte eine Aufnahme von uns machen?

あなた［がた］の写真を撮らせていただけますか   Darf ich eine Aufnahme von Ihnen machen?

フィルムを現像してもらえますか   Können Sie mir bitte den Film entwickeln?

いつできますか   Wann wird es fertig sein?

⑩ 病院で (Beim Arzt)

どこがお悪いですか   Was fehlt Ihnen?

どこが痛みますか   Wo haben Sie Schmerzen?

昨晩からお腹が痛みます   Ich habe seit gestern Abend Bauchschmerzen.

さあ，上着をお取りください   Bitte, ziehen Sie die Jacke aus!

処方箋を書きましょう   Ich gebe Ihnen ein Rezept.

例題1 次の会話文の（　　）の中に入れるのに最も適切なものを下の1～8
のうちから選び，その番号を（　　）の中に記入しなさい．ただし，同じもの
を二度用いてはいけません．

A：Hast du（　　）, heute Abend ins Konzert zu gehen?
B：Wann beginnt die（　　）?
A：Ich bin nicht（　　）. Ich glaube, um halb acht.
B：Was kosten die（　　）?
A：80 Euro.
B：Oh, das ist viel zu（　　）. Ich gehe ins（　　）.

1 Karten	2 Kino	3 teuer	4 Vorlesung
5 Vorstellung	6 sicher	7 Lust	8 gewiss

例題2 次の会話文について，下の問いに答えなさい．

A：Hallo! Hier Luise.
B：Hier Alfred! Was ist denn（　a　）?
A：Alfred, meine Freundin Gisela kommt am Freitagabend zu uns.
　　Kannst du auch zu uns kommen?
B：Ja, gewiss. Soll ich（　b　）mitbringen?
A：Ja, bitte, bring ein paar CD-Platten mit.
B：（　c　）. Ich habe auch ein paar neue.
A：Danke im Voraus! Auf Wiederhören!
B：Auf Wiederhören,（　d　）Freitagabend.

問い

(1) 空欄(a)の中に入れるのに最も適切なものを下の1～4のうちから選び，
　　その番号を○印で囲みなさい．

　　1 kaputt　　　2 aus　　　　3 los　　　　4 fort

(2) 空欄(b)の中に入れるのに最も適切なものを下の1～4のうちから選び，

その番号を○印で囲みなさい.

    1   nichts   2   etwas   3   jemand   4   man

(3) 空欄(c)の中に入れるのに最も適切なものを下の1～4のうちから選び, その番号を○印で囲みなさい.

    1   Gut   2   Schade   3   Doch   4   Leider

(4) 空欄(d)の中に入れるのに最も適切なものを下の1～4のうちから選び, その番号を○印で囲みなさい.

    1   auf   2   nach   3   von   4   bis

例題 3 次の会話文の （   ） の中に入れるのに最も適切なものを下の1～8 のうちから選び, その番号を （   ） の中に入れなさい. ただし, 同じものを 二度用いてはいけません.

Ober:	Guten Tag! Möchten Sie etwas trinken?
Frau Wolf:	Ach ja. Ich habe ( ). Ein Mineralwasser bitte.
Herr Wolf:	Ich trinke ein Bier. Und die ( ) bitte!
Ober:	Bitte schön!

   (*Der Ober bringt die Getränke.*)

Ober:	Möchten Sie jetzt ( )?
Frau Wolf :	Ja bitte. Zweimal Rinderbraten mit Kartoffel und Salat.

   (*Nach dem Essen*)

Ober:	So, hat's geschmeckt?
Frau Wolf:	Ja, der Braten war ausgezeichnet.
Herr Wolf:	Ich möchte gern ( ).
Ober:	Bitte sehr. Das macht ( ) 43 Euro und 50 Cent.
Herr Wolf:	Machen Sie es 45.
Ober:	Vielen Dank.

    1   Hunger   2   Durst   3   zahlen   4   einander

    5   Speisekarte   6   zusammen   7   reservieren   8   bestellen

過去問　次の文章を読んで(1)および(2)の問いに答えなさい.

(A)＿＿＿＿＿＿＿＿＿＿＿＿＿＿＿＿＿＿＿＿＿＿ Früher mussten die Schüler auch unbekannte Texte laut vorlesen, aber das hat sich geändert. Anstatt einen Text gleich laut vorlesen zu lassen, geben die Lehrer den Schülern zuerst Zeit, den Text still zu lesen. Alle Kinder in der Klasse lesen den Text ruhig. Im Klassenzimmer herrscht Schweigen.

So können sich die Kinder auf den Inhalt des Textes konzentrieren. Sie brauchen sich nicht um Betonung und Aussprache zu kümmern. Für Anfänger des Lesens ist das eine große Hilfe. Damit haben sie es leichter, Wichtiges von Unwichtigem zu trennen und den Text richtig zu verstehen. Die Kinder können dabei das Tempo des Lesens selbst bestimmen. Kinder, die nicht so gut beim Lesen sind, können langsamer lesen, und andere, die schnell lesen, können weiter lesen.

Stilles Lesen ist die beste Form, um Verstehen durch Lesen zu üben. Experten empfehlen tägliches Training in der Schule und zu Hause. Eine Viertelstunde am Tag bringt schon sehr viel. Die Eltern können dabei viel helfen. Zum Beispiel können Kinder ein Lesetagebuch führen, in das sie schreiben, was sie beim Lesen gedacht oder sich gefragt haben.

(1)　下線部(A)の部分に入る文として最も適切なものを下の 1 ～ 4 のうちから選び, その番号を解答欄〈省略〉に記入しなさい.

1　Stilles Lesen wird in der Schule immer wichtiger.

2　Lesen macht Spaß.

3　Man muss laut vorlesen, um den Text richtig zu verstehen.

4　Können Sie richtig lesen ?

(2)　この文章の内容に合うものを下の 1 ～ 7 のうちから三つ選び, その番号を解答欄〈省略〉に記入しなさい. ただし, 番号の順序は問いません.

1　最近の学校では, 声に出して読む前にまず黙読をする時間を設けている.

2 学校の授業では，集中力を高めるためにまず声に出して読む練習を行うべきである．

3 黙読によっても，イントネーションや発音の技能を身につけることは可能である．

4 黙読することによって，生徒はまず文章の内容に集中することができ，それによりその文章を正しく理解することが容易となる．

5 読解力を高めるには，黙読と音読のトレーニングを偏りなく行うことが重要である．

6 専門家は学校での黙読の練習とともに，家では音読の練習を行うことを薦めている．

7 読書のトレーニングは家庭で行うことも重要であるが，その際に子供に読書日記をつけさせることなどをすると良い．

（'09年春）

ヒント　früher 以前は；laut vor|lesen 音読する；sich⁴ ändern 変わる；anstatt＋zu 不定詞 …する代わりに；zuerst まず；herrschen 支配する；Inhalt 男 内容；sich⁴ konzentrieren 集中する；brauchen …する必要がある；Betonung 女 アクセント；Aussprache 女 発音；sich⁴ kümmern ＋um …を気にする；bestimmen 決める；Experte 男 専門家；Lesetagebuch 中 読書日記；führen（帳簿などを）つける；sich⁴ fragen 疑問に思う

解答 (1) 1 (2) 1, 4, 7

過去問　プラスチックゴミ（Plastikmüll）に関する次の文章を読んで，内容に合うものを下の1～8から四つ選び，その番号を解答欄〈省略〉に記入しなさい．ただし，番号の順序は問いません．

Die Menschen produzieren sehr viel Müll. Viel davon ist aus Plastik. Forscher haben in letzter Zeit untersucht, wie viel von diesem Müll jedes Jahr ins Meer kommt. Wenn man den gesamten Plastikmüll eines Jahres z. B. in einhundert riesige Müllwagen laden würde, dann würden mindestens zwei dieser Müllwagen voll mit Plastikmüll die Meere erreichen, vielleicht sogar fünf. Das heißt, dass sehr viel Müll unsere Meere verschmutzt.

Der Müll im Meer kommt vor allem aus Ländern, die anders als Deutschland nicht so streng mit Müll umgehen. In Deutschland wird das alte Plastik eingesammelt und verbrannt oder für neue Sachen verwendet. Aber in vielen anderen Ländern wird der Müll einfach auf einen Platz außerhalb der Städte gebracht, wo dann ein großer Berg aus diesem Müll entsteht. Viele Menschen werfen ihren Müll sogar einfach hinters Haus. Der Wind trägt dann einen Teil des Mülls weg, oder der Müll wird vom Regen in die Flüsse transportiert und erreicht so die Ozeane. Der Müll schwimmt im Meer umher oder sinkt auf den Meeresboden.

Immer wieder schlucken Tiere auch kleine Plastikteile und sterben daran. Forscher denken außerdem, dass aus dem Plastik giftige chemische Substanzen ins Meer kommen und dadurch das Wasser verschmutzt wird. Im Moment weiß noch niemand, wie gefährlich das ist. Das muss noch untersucht werden. Politiker und Wissenschaftler versuchen jetzt, Lösungen für das Problem zu finden.

1　ドイツで捨てられるプラスチックゴミのうち, 年間トラック約100台分が海に投棄される.
2　多くの国でも, ドイツ同様, ゴミの処理が厳しく管理されている.
3　多くの国では, 郊外に大量のゴミが山積みにされている.
4　放置されたゴミは, 風や雨によって別の場所に運ばれる.
5　人々がゴミを無造作に捨てるので, 海にもゴミが流入してしまう.
6　海に集まったプラスチックゴミは, ずっと海面に浮いたままである.
7　動物がプラスチック破片を飲み込んで死んでしまうことが繰り返されている.
8　研究者によって, プラスチックから溶け出す化学物質がどの程度危険か明らかにされた.

（'21年夏）

ヒント　produzieren 作り出す；Müll 男 ゴミ；davon そのうちの；Forscher 男 研究者；untersuchen 調査する；Meer 中 海；z. B.（=zum Beispiel）たとえば；laden 積み込む；mindestens 少なくとも；erreichen 到達する；verschmutzen 汚染する；vor allem 特に；mit ～ um|gehen ～を扱う；ein|sammeln 回収する；verbrennen 焼却する；verwenden 使用する；einfach 無造作に；entstehen 生じる；transportieren 運ぶ；Ozean 男 海洋, 大海；Meeresboden 男 海底；

schlucken 飲み込む；giftig 有毒の；Sibstanz 庚 物質；im Moment 目下，今；
gefährlich 危険な；Lösung 庚 解決策

解答　3,　4,　5,　7

学習のポイント

日頃から，より多くのドイツ語の語彙を修得するように心がけてください．
ただし，読解文は「文意を把握すること」ことが最も大切なことですから，個々の意
味不明の単語があったとしても，それに惑わされず「意味の流れ」をつかむ
練習をしましょう．

┌─────────────────┐
│　　練　習　問　題　　│　　（解答は 193 ページ）
└─────────────────┘

例題 1　ある日本人家族が，次のような家探しのための新聞広告を出しました．

WOHNUNGSMARKT
Japanische Familie sucht für ein Jahr in oder bei
München Haus (oder Wohnung) mit 4 Zimmern,
Küche und Bad. Sofort. ⟨SZ 4077 an *Süddeutsche Zeitung*, München⟩

それを見たある家主から，新聞社を通じて広告主に次の連絡がありました．

An
SZ 4077
Süddeutsche Zeitung
München

Ich habe Ihre Anzeige in der Süddeutschen Zeitung gelesen und
möchte fragen, ob Sie an unserer Wohnung Interesse haben.　Sie
ist im ersten und zweiten Stock eines modernen Zweifamilienhauses
in der Nähe des Englischen Gartens. Die Wohnung hat einen großen
Flur, Wohnzimmer, Esszimmer, Küche und WC im ersten Stock. Drei
Schlafzimmer und Bad mit Badewanne, Dusche und WC sind im
zweiten Stock. Außerdem gehört ein großer Keller zur Wohnung.

139

Wenn möglich, möchten wir unsere Möbel in der Wohnung lassen. Die Miete ist 1 500 EUR — im Monat.

Wenn Sie Interesse an unserer Wohnung haben, rufen Sie mich bitte zwischen 17 und 19 Uhr an. Meine Telefonnummer ist 48 59 55.

Hochachtungsvoll

Erik Salzmann

問い 上の文を読んで，文意に合ったものを下の1〜9のうちから五つ選び，その番号を○印で囲みなさい．

1 日本人一家は住宅を探しているが，いま急を要しているわけではない．

2 日本人一家は，その住宅は必ずしもミュンヒェン市内でなくてもよいと考えている．

3 家主は日本人一家の新聞広告を「南ドイツ新聞」で読んだ．

4 家主が賃貸ししようとしている住宅は，二世帯住宅の1階と2階である．

5 その賃貸し住宅は「イギリス公園」の近くにある．

6 家主が賃貸ししようとしている住宅には，地下室は備わっていない．

7 家主は，場合によっては自分たちの家具を使ってもよいと思っている．

8 家賃はひと月1500ユーロである．

9 日本人一家がこの住宅に関心があるならば，17時から19時の間に住宅の下見に来てほしいと，家主は伝えてきている．

例題2 次の手紙は，購入したカメラの欠陥についてカメラ店に問い合せるために書かれたものです．これを読んで，手紙の内容に合ったものを下の1〜9のうちから四つ選び，その番号を○印で囲みなさい．

München, 15. 8. 2022

Sehr geehrter Herr Thomas Baumgart,

vor zwei Monaten habe ich in Ihrem Geschäft eine neue Kamera gekauft und sie mit Freuden in meinen Urlaub genommen. Doch welche Enttäuschung, als ich die entwickelten Fotos sah und auf jedem Bild einen breiten, schwarzen Streifen entdeckte! Er ist immer am gleichen Ort, am rechten Rand des Bildes.

Ich möchte nun gerne wissen, woher dieser Fehler stammt. Habe ich die Kamera falsch bedient? Oder liegt es am Apparat? Ich kann Ihnen versichern, dass er weder nass noch sonst wie beschädigt wurde. Es hat ihn auch niemand fallen lassen. Ich habe nur Qualitätsfilme verwendet, und die Batterien waren auch neu.

Bitte schreiben Sie mir, ob ich die Kamera bei Ihnen vorbeibringen soll. Ich würde auch gerne wissen, ob ich eine eventuelle Reparatur selbst zu bezahlen habe, oder ob Sie die Kosten übernehmen. Ich habe einen Garantieschein, der noch bis nächstes Jahr im Mai gültig ist.

Beiliegend sende ich Ihnen einige der beschädigten Bilder.

Für Ihre Bemühungen möchte ich mich im Voraus herzlich bedanken.

Mit freundlichen Grüßen
Daniela Schmied

1　ダニエーラ・シュミートは，2か月まえにトーマス・バウムガルト氏の店でカメラを買った．

2　ダニエーラ・シュミートはそのカメラを休暇旅行には持参しなかった．

3　ダニエーラ・シュミートがそのカメラで撮ったフイルムを現像してみたら，どの写真にもピントのぼけた部分があった．

4　ダニエーラ・シュミートは，そのカメラを濡らしたり破損したりしていないことを，トーマス・バウムガルト氏に断言できる．

5　もしかすると，だれかがそのカメラを落としたかもしれない．

6　ダニエーラ・シュミートは，品質のよいフイルムを使用したが，カメラの電池は新しいものではなかった．

7　ダニエーラ・シュミートは，修理代が必要な場合，自分がその代金を支払わなければならないのか，それともカメラ店が支払ってくれるのか，知りたいと思っている．

8　ダニエーラ・シュミートは，来年の5月まで有効の保証書を持っている．

9　ダニエーラ・シュミートは，購入したカメラを現像写真とともにカメラ店に送り届ける．

次の文章を読んで，この文章の内容に合っているものを下の1～9の
うちから四つ選び，その番号を○印で囲みなさい．

Im deutschen Sport ist der Fußball König. Man kann sagen,
dass Fußball der Nationalsport ist. Und das ist er nicht nur in
Deutschland. Man kann sicher sagen, dass Fußball der beliebteste
Sport der Welt ist.

Überall in Deutschland kann man sehen, dass Fußball sehr beliebt
ist. Was spielen die Kinder auf der Straße? Fußball. Was spielen
sie im Park? Fußball. Wohin gehen viele Männer, Frauen und
Kinder am Samstag- oder Sonntagnachmittag? Zum Fußballplatz
oder ins Fußballstadion. Oder sie sehen Fußball im Fernsehen.
Auch kleine Dörfer haben einen Fußballplatz, und die großen Städte
haben große Stadien.

In den Schulen und Universitäten gibt es auch Fußballmann-
schaften, aber da spielen sie fast keine Rolle. Die großen
Fußballmannschaften und Fußballspieler kommen aus den Sport-
vereinen. Und jedes Kind kennt die Namen der großen Fußball-
spieler. Die besten Spieler spielen in der Nationalmannschaft. Welt-
meisterschaften gibt es alle vier Jahre.

1 ドイツには「ケーニヒ」という名称のサッカーチームがある．
2 ドイツで最も人気のあるスポーツはサッカーである．
3 世界で最も人気のあるスポーツがサッカーであるかどうかは，調査して
  みる必要がある．
4 ドイツではいたるところで，サッカー愛好者の姿が見られる．
5 多くの男女や子供たちはテレビでサッカーを見たりせず，競技場に行っ
  てサッカーの試合を観戦する．
6 小さな村にはサッカー競技場がないのが問題だ．
7 学校や大学のサッカーチームは重要な役割を果たしている．
8 サッカーの著名なチームや選手たちは，スポーツクラブの出身者である．
9 サッカーの世界選手権大会（ワールドカップ）は4年に一度開催される．

第4章 聞き取り

まず，聞き取り試験問題冊子の表紙に示されている「解答の手引き」を，そのままここに紹介しておきます．参考にしてください．

聞き取り試験 解答の手引き

（試験時間 約25分）

> 出題は新しい正書法（単語のつづり方などに関する規則）に従います。解答は新旧いずれの方式でも認めます。

―――― 注 意 ――――

■受験票と机の上の受験番号が同じであることを確認してください。

■携帯電話，スマートフォン，スマートウォッチ等の電子機器類は電源を切り，カバン等にしまってください。机の上に置いてはいけません。

■中途退場は認めません。

①指示があるまでページを開いてはいけません。

②聞き取り試験は3部から成り立っています。

③試験監督者の指示に従って，解答用紙の所定の欄に，受験番号・氏名を記入してください。

④放送の指示でページを開き，解答のしかたをよく読んでください。

⑤解答は黒のHBの鉛筆で強めに記入してください。

書き直す場合には，消しゴムできれいに消してから記入してください。

⑥**解答はすべて試験時間内に解答用紙の指定された箇所に記入してください。**

⑦記入する数字は，下記の見本に従って書いてください。

⑧アルファベットは大文字と小文字の判別ができるようにはっきりと書いてください。

■試験が終わっても，指示があるまで席を立たないでください。

■解答用紙は持ち帰ってはいけません。

■この問題冊子の無断転載，無断複製を禁じます。

143

─ 第1部　Erster Teil ─

1．第1部は，問題(1)から(5)まであります．
2．各問題において，それぞれ四つの短い会話1～4を放送します．
　それぞれの会話はA–B–Aの形で進み，Bのところだけが異なっ
　ています．間隔をおいてもう一度放送します．
3．すべての会話を聞いたうえで，会話として最も自然なものを選び，
　その番号を解答用紙の所定の欄〈下記の解答欄〉に記入してくだ
　さい．
4．以下，同じ要領で問題(5)まで順次進みます．
5．メモは自由にとってかまいません．
6．問題を始める前に，放送で解答のしかたを説明します．その説明
　の中で例を示します．
　例：A：Wo wohnen Sie in Japan ?
　　　B：(4つの選択肢)
　　　A：Ist das in der Nähe von Kyoto ?

(1)　　1　　　　　2　　　　　3　　　　　4

(2)　　1　　　　　2　　　　　3　　　　　4

(3)　　1　　　　　2　　　　　3　　　　　4

(4)　　1　　　　　2　　　　　3　　　　　4

(5)　　1　　　　　2　　　　　3　　　　　4

解答欄　(1)　　　　(2)　　　　(3)　　　　(4)　　　　(5)

—— 第2部　Zweiter Teil ——

1. 第2部は，問題(6)から(8)まであります.
2. まずドイツ語の短い会話を放送します.
3. 次に，内容についての質問を読みます．間隔を置いてもう一度放送します.
4. 質問に対する答えとして最も適した絵をそれぞれ1～3のうちから選び，その番号を<u>解答用紙の所定の欄</u>〈省略〉に記入してください.
5. 以下，同じ要領で問題(8)まで順次進みます.
6. 最後に，問題(6)から(8)までの会話と質問をもう一度通して放送します.
7. メモは自由にとってかまいません.

(6)

(7)

(8)

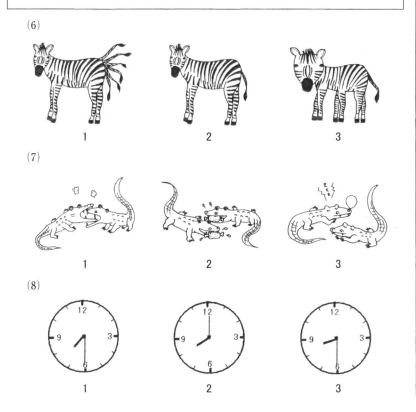

第3部　Dritter Teil

1．第3部は，問題(9)から(12)まであります．
2．放送〈音声データ〉で，まずドイツ語の会話文を読みます．それに続き，この文章の内容に関する質問(9)～(12)を読みます．
3．そのあと，約30秒の間をおいてから，同じ会話文をもう一度読みます．
4．次に，質問(9)～(12)をもう一度読みます．
5．質問に対する答えとして，(9)と(12)には<u>適切な一語</u>を，(10)と(11)には<u>算用数字</u>を解答用紙の所定の欄〈省略〉に記入してください．
6．メモは自由にとってかまいません．
7．質問(12)の放送のあと，およそ1分後に試験終了のアナウンスがあります．試験監督者が解答用紙を集め終わるまで席を離れないでください．

(9)　Eine _____.

(10)　□□ Euro.

(11)　□□ , □□ Euro.

(12)　Der ist _____.

（'12年秋）

ヒント 音声データで読みあげられる第1部から第3部までのドイツ語を次に掲げますが，**最初はこれを見ないで**解答を試みてください．そのあと，確認のために以下をご覧ください．

第1部

問題(1)　A：Hast du diese Woche keine Zeit, mit mir ins Kino zu gehen?
　　　　　　君は，今週私と映画を見に行く暇はないの？
　　　　B：選択肢：1　Doch, am 5.(=fünften) hätte ich Zeit.
　　　　　　　　　　2　Ja, gern.
　　　　　　　　　　3　Nein, ich habe keine Zeit.
　　　　　　　　　　4　Doch, wenn ich Zeit hätte.
　　　　A：Dann treffen wir uns um 2 Uhr.

問題(2)　A：Welche Jacke passt meiner Mutter wohl am besten?
　　　　　　どの上着が母に最も似合うでしょうか？

B：選択肢：1　Am Montag, dem 12.(=zwölften), passt sie gut.

　　　　　2　Die weiße in Größe 42(=zweiundvierzig), denke ich.

　　　　　3　Dein Pass ist ja auch rot und so groß wie meiner.

　　　　　4　Mir passt Größe 38(=achtunddreißig).

A：Dann schenke ich Mutter die.

問題(3)　A：Wie heißt das Jahr 2012(=zweitausendzwölf) in Japan？

　　　　2012年は日本（の年号）では何と言うの？

B：選択肢：1　Ich heiße Toshi.

　　　　　2　Im Sommer 2012 war es sehr heiß.

　　　　　3　Da fahre ich nach Deutschland.

　　　　　4　Heisei 24(=vierundzwanzig).

A：Ach, das ist ja interessant.

問題(4)　A：Wo finde ich bitte Tische？

　　　　テーブル（の売り場）はどこですか？

B：選択肢：1　Sie können mit dem Bus fahren.

　　　　　2　Im zweiten Stock sind die Möbel.

　　　　　3　Die Tasche liegt auf dem Tisch.

　　　　　4　Das Handy ist in meiner Tasche.

A：Vielen Dank.

問題(5)　A：Sandra geht nächste Woche mit Werner ins Theater.

　　　　ザンドラは来週，ヴェルナーと芝居を見に行くんだって．

B：選択肢：1　Oh, Werner ist ein sehr guter Schauspieler.

　　　　　2　Oh, das Theaterstück ist wirklich schön.

　　　　　3　Oh, ich spiele auch Theater.

　　　　　4　Oh, nächste Woche habe ich keine Zeit.

A：Ach, du hast das schon gesehen？

第2部

問題(6)　A：Komm, Ilse, du bist jetzt vier Jahre alt, wir gehen in den Zoo.

B：Ja, ja, in den Zoo. Ich will unbedingt zu den Zebras.

A：Weißt du denn, wie ein Zebra aussieht？

B：Na klar, es hat sechs Beine und einen großen Kopf！

質問文：Was glaubt Ilse, wie ein Zebra aussieht？

147

イルゼはしまうまがどんな姿をしていると思っているのですか？

問題(7) A：Schau einmal, Ilse, da sind die Krokodile.

B：Das sind Krokodile？

A：Warum bist du enttäuscht？

B：Ich dachte, die laufen ganz schnell, aber die schlafen ja nur.

質問文：Warum ist Ilse enttäuscht？
イルゼはなぜがっかりしているのですか？

問題(8) A：Hallo Ilse. Wo warst du denn so lange？

B：Ich war mit Papa im Zoo.

A：Ach so. Wann seid ihr denn morgens aus dem Haus gegangen？

B：Schon um halb acht.

質問文：Wann sind Ilse und ihr Vater aus dem Haus gegangen？
イルゼと父親は何時に家を出ましたか？

第3部

（デパートにおけるある夫婦の会話：A=Mann, B=Frau）

A（M）：Schau mal, wie findest du diesen Pullover？

B（F）：Schön, aber zu teuer.

A（M）：Oh ja, er kostet 79(=neunundsiebzig) Euro. Das ist zu teuer.

B（F）：Und dieser hier？ Gefällt dir der？ Der sieht doch so ähnlich aus, oder？

A（M）：Ja, der ist schön. Aber schau mal. Das ist gar kein Pullover, das ist ja eine Jacke.

B（F）：Ach, wirklich. Und？ Nimmst du sie trotzdem？

A（M）：Na klar. Der Preis ist um 75(=fünfundsiebzig) Prozent reduziert.
Die Jacke kostet statt 151(=hunderteinundfünfzig) Euro nur noch
37,80 Euro(=siebenunddreißig Euro achtzig)！

B（F）：Ja, das ist wirklich billig. Und so eine schöne Farbe.

A（M）：Ja, das finde ich auch. Der Pullover, den ich jetzt anhabe, ist zwar schön und blau, aber schon sehr alt.

B（F）：Ach wirklich？ Das Alter sieht man dem Pullover aber gar nicht an.

A（M）：Doch, doch. Ich weiß noch ganz genau, dass ich ihn zu meinem
15.(=fünfzehnten) Geburtstag bekommen habe.

問題(9)：Was kauft der Mann im Kaufhaus？　　夫はデパートで何を買いますか？

問題(10)：Was kostet der Pullover, den der Mann zuerst sieht？

夫が最初に見たセーターはいくらですか？

問題(11)：Wie viel bezahlt der Mann eigentlich？

夫は結局いくら払うでしょうか？

問題(12)：Welche Farbe hat der Pullover, den der Mann heute anhat？

夫がきょう着ているセーターは何色でしょう？

解答　(1)　1　　(2)　2　　(3)　4　　(4)　2

(5)　2　　(6)　3　　(7)　3　　(8)　1

(9)　Jacke　　(10)　79　　(11)　37　80　　(12)　blau

学習のポイント

　72ページの「4級対策編第4章聞き取り」の**学習のポイント**の項に記したことを，ここにも再録します．

　ドイツ語の聞き取り能力をつけるためには，日頃からより多くのドイツ語に耳を傾けるように心がけましょう．ネイティブスピーカーに教わることはたいへん理想的なことですが，そうでなくても，ウェブサイトや学習用の音源を利用したり，テレビやラジオのドイツ語講座に親しむことも効果的です．大事なことは，文字として表されたドイツ語を頼りっきりにしないこと，ドイツ語を聞き分ける「耳の独り立ち」を心がけ，ドイツ語の音声がそのまま意味をもったドイツ語として聞き取れるよう，少しずつ練習を重ねてください．

　なお本書では，音声データで聞き取り問題文が実際の試験と同じ要領で吹き込まれていますので，何度も聞き取りの練習をしてください．

練習問題

例題1

DL 014

―――――― **第1部　Erster Teil** ――――――

1．第1部は，問題(1)から(6)まであります．
2．各問題において，それぞれ四つの短い会話1〜4を読みます．間隔を
　おいてもう一度繰り返します．
3．すべての会話を聞いたうえで，会話として最も自然なものを選び，そ
　の番号を<u>解答用紙の所定の欄</u>〈下記の解答欄〉に記入してください．
4．以下，同じ要領で問題(6)まで順次進みます．
5．メモは自由にとってかまいません．
6．問題を始める前に，放送で解答のしかたを説明します．その説明の中
　で例を示します．〈省略〉

(1)　　1　　　　　2　　　　　3　　　　　4

(2)　　1　　　　　2　　　　　3　　　　　4

(3)　　1　　　　　2　　　　　3　　　　　4

(4)　　1　　　　　2　　　　　3　　　　　4

(5)　　1　　　　　2　　　　　3　　　　　4

(6)　　1　　　　　2　　　　　3　　　　　4

解答欄　(1)　　　(2)　　　(3)　　　(4)　　　(5)　　　(6)

DL 015

第2部　Zweiter Teil

1．第2部は，問題(7)から(9)まであります．
2．まずドイツ語の短い会話を読みます．
3．次に，内容についての質問を読みます．間隔を置いてもう一度繰り返します．
4．質問に対する答えとして最も適した絵をそれぞれ1～3のうちから選び，その番号を<u>解答用紙の所定の欄</u>〈省略〉に記入してください．
5．以下，同じ要領で問題(9)まで順次進みます．
6．最後に，問題(7)から(9)までの会話と質問をもう一度通して読みます．
7．メモは自由にとってかまいません．

(7)

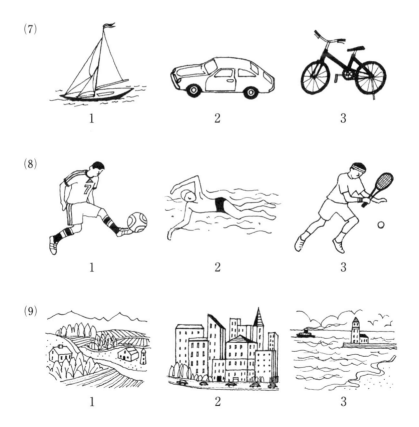

1　　　　　　2　　　　　　3

(8)

1　　　　　　2　　　　　　3

(9)

1　　　　　　2　　　　　　3

151

第3部　Dritter Teil

1. 第3部は，問題(10)から(14)まであります．
2. 放送〈音声データ〉で，まずドイツ語の文章を読みます．それに続き，この文章の内容に関する質問(10)〜(14)を読みます．
3. そのあと，約30秒の間をおいてから，同じ文章をもう一度読みます．
4. 次に，質問(10)〜(14)をもう一度読みます．
5. 質問に対する答えとして，(11)には算用数字を，(10)と(12)〜(14)には<u>適切な一語</u>を，<u>解答用紙の所定の欄</u>〈省略〉に記入してください．
6. メモは自由にとってかまいません．
7. 質問(14)を読み上げたあと，およそ1分後に試験終了の指示があります．試験監督者が解答用紙を集め終わるまで席を離れないでください．

(10)　Er geht ins ＿＿＿＿＿＿＿＿＿＿ .

(11)　Ja, er hat ☐☐ Grad Fieber.

(12)　Das ＿＿＿＿＿＿＿＿ und die Lunge.

(13)　Er schreibt ihm ein ＿＿＿＿＿＿＿ .

(14)　Er bekommt das ＿＿＿＿＿＿＿ .

例題 2

第1部　Erster Teil

1. 第1部は，問題(1)から(6)まであります．
2. 各問題において，それぞれ四つの短い会話1〜4を読みます．間隔をおいてもう一度繰り返します．
3. すべての会話を聞いたうえで，会話として最も自然なものを選び，その番号を<u>解答用紙の所定の欄</u>〈下記の解答欄〉に記入してください．
4. 以下，同じ要領で問題(6)まで順次進みます．

5．メモは自由にとってかまいません．
6．問題を始める前に，放送で解答のしかたを説明します．その説明の中
　　で例を示します．〈省略〉

(1)　　1　　　　　2　　　　　3　　　　　4

(2)　　1　　　　　2　　　　　3　　　　　4

(3)　　1　　　　　2　　　　　3　　　　　4

(4)　　1　　　　　2　　　　　3　　　　　4

(5)　　1　　　　　2　　　　　3　　　　　4

(6)　　1　　　　　2　　　　　3　　　　　4

解答欄　(1)　　　　(2)　　　　(3)　　　　(4)　　　　(5)　　　　(6)

第2部　Zweiter Teil

1．第2部は，問題(7)から(9)まであります．
2．まずドイツ語の短い会話を読みます．
3．次に，内容についての質問を読みます．間隔を置いてもう一度繰り返
　　します．
4．質問に対する答えとして最も適した絵をそれぞれ1〜3のうちから選
　　び，その番号を<u>解答用紙の所定の欄</u>〈省略〉に記入してください．
5．以下，同じ要領で問題(9)まで順次進みます．
6．最後に，問題(7)から(9)までの会話と質問をもう一度通して読みます．
7．メモは自由にとってかまいません．

(7)

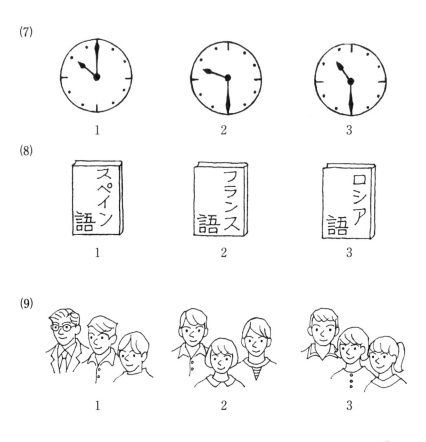

1 2 3

(8)

1 2 3

(9)

1 2 3

DL 019

第3部　Dritter Teil

1. 第3部は，問題(10)から(14)まであります．
2. 放送〈音声データ〉で，まずドイツ語の文章を読みます．それに続き，この文章の内容に関する質問(10)〜(14)を読みます．
3. そのあと，約30秒の間をおいてから，同じ文章をもう一度読みます．
4. 次に，質問(10)〜(14)をもう一度読みます．
5. 質問に対する答えとして，(10)と(11)には<u>算用数字</u>を，(12)〜(14)には<u>適切な一語</u>を解答用紙の所定の欄〈省略〉に記入してください．
6. メモは自由にとってかまいません．
7. 質問(14)を読み上げたあと，およそ1分後に試験終了の指示があります．試験監督者が解答用紙を集め終わるまで席を離れないでください．

(10) Im Jahre ☐☐☐☐.

(11) Ungefähr ☐,☐ Millionen.

(12) Dort oben gibt es ein _____ .

(13) Die _____ Berlin kann man gut sehen.

(14) Sie führt bis zum _____ Tor.

第3部　独検4級・3級対策 基本単語2000

注1　語彙選択にあたっては，CEFR（ヨーロッパ言語共通参照枠）のA1, A2（一部はB1も）参考にしました．おもに4級対策の単語1000語が太字で，次いで重要な1000語が細字で示してあります．3級対策としては，2000語くらいをおよその目安にするとよいでしょう．

注2　Japanerin, Beamtin 等々の女性形はおおかた省略しています．

注3　形は，ほとんどの場合，副としても用いられます．

注4　単語の暗記用に活用していただくものですから，詳細については独和辞典で調べてください．

男＝男性名詞	女＝女性名詞	中＝中性名詞	複＝複数名詞
代＝代名詞	動＝動詞	再＝再帰動詞	助＝助動詞
冠＝冠詞	数＝数詞	形＝形容詞	副＝副詞
前＝前置詞	接＝接続詞	間＝間投詞	（（略））＝略語

（　）＝説明の語句または言い換え　　　[　]＝省略可能の字句

A

- ☑ ab　　　　　　前 ～から
  　　　　　　　　副 離れて；～発
- ☑ **Abend**　　　男 晩
- ☑ Abendessen中 夕食
- ☑ abends　　　　副 晩に
- ☑ **aber**　　　　接 しかし
- ☑ **ab|fahren**　動 (乗り物で)
  　　　　　　　　出発する
- ☑ **Abfahrt**　　女 出発
- ☑ ab|fliegen　　動 離陸(出発)する
- ☑ ab|geben　　　動 引き渡す
- ☑ ab|holen　　　動 取って来る
- ☑ Abschied　　　男 別れ
- ☑ ab|schließen 動 鍵をかけて閉め
  　　　　　　　　る
- ☑ **Absender**　　男 差出人
- ☑ Absicht　　　　女 意図
- ☑ Abteil　　　　中 車室
- ☑ **acht**　　　　数 (基数)8；(序数)
  　　　　　　　　第8の
- ☑ **Achtung**　　女 注意
- ☑ **achtzehn**　　数 (基数)18
- ☑ **achtzig**　　　数 (基数)80
- ☑ **Adresse**　　女 アドレス
- ☑ **ähnlich**　　　形 似ている
- ☑ Ahnung　　　　女 予感
- ☑ aktiv　　　　　形 活動的な
- ☑ aktuell　　　　形 アクチュアルな
- ☑ Alkohol　　　　男 アルコール
- ☑ **all**　　　　　代 すべての
- ☑ **allein**　　　　副 ひとりで
- ☑ **alles**　　　　代 すべてのもの(こと)
- ☑ allgemein　　　形 一般の
- ☑ allmählich　　　副 徐々に
- ☑ **als**　　　　　接 ～したときに；
  　　　　　　　　～よりも

- ☑ **also**　　　　　副 それゆえに
- ☑ **alt**　　　　　形 年とった
- ☑ Alte[r]　　　　男・女 老人
- ☑ Alter　　　　　中 年齢；老人
- ☑ Amerika　　　　中 アメリカ
- ☑ Amerikaner　　男 アメリカ人
- ☑ amerikanisch　形 アメリカの
- ☑ Ampel　　　　　女 信号機
- ☑ Amt　　　　　　中 公職；役所
- ☑ **an**　　　　　前 ～に接して
- ☑ an|bieten　　　動 差し出す；
  　　　　　　　　申し出る
- ☑ **ander**　　　　形 ほかの
- ☑ ändern　　　　動 変える
- ☑ **anders**　　　副 異なって
- ☑ **Anfang**　　　男 始まり
- ☑ **an|fangen**　　動 始め(ま)る
- ☑ Angebot　　　　中 申し出，提案
- ☑ **angenehm**　　形 快適な
- ☑ Angestellte[r]　男・女 勤め人
- ☑ **Angst**　　　　女 不安
- ☑ **an|kommen**　動 着く
- ☑ **Ankunft**　　　女 到着
- ☑ an|machen　　　動 スイッチを入れる
- ☑ an|melden　　　動 届け出る
- ☑ Anmeldung　　女 通知；届け出
- ☑ Anruf　　　　　男 呼びかけ；電話
- ☑ Anrufbeantworter
  　　　　　　　　男 留守番電話[機]
- ☑ **an|rufen**　　　動 電話する
- ☑ Anschluss　　　男 接続[便]
- ☑ an|sehen　　　動 じっと見る
- ☑ Ansichtskarte　女 絵はがき
- ☑ **Antwort**　　　女 答え
- ☑ **antworten**　　動 答える
- ☑ Anzeige　　　　女 広告
- ☑ an|ziehen　　　動 着る
- ☑ Anzug　　　　　男 背広

☐ **Apfel**	男 りんご	☐ aus|geben	動 支出(支給)する
☐ Apotheke	女 薬局	☐ aus|gehen	動 外出する
☐ Apparat	男 装置	☐ ausgezeichnet	形 抜群の
☐ Appetit	男 食欲	☐ **Auskunft**	女 情報；案内所
☐ **April**	男 4月	☐ **Ausland**	中 外国
☐ **Arbeit**	女 仕事	☐ **Ausländer**	男 外国人
☐ **arbeiten**	動 働く	☐ **ausländisch**	形 外国の
☐ **Arbeiter**	男 労働者	☐ aus|machen	動 スイッチを切る
☐ arbeitslos	形 失業している	☐ aus|packen	動 取り出す
☐ Arbeitsplatz	男 勤め口, 職	☐ aus|ruhen	動 休息(休養)する
☐ Architekt	男 建築家	☐ **aus|sehen**	動 ～に見える
☐ Ärger	男 怒り	☐ außer	前 ～の外(ほか)に
☐ ärgern	再 怒る	☐ außerdem	副 そのうえ
☐ arm	形 貧しい	☐ außerhalb	前 ～の外に(で)
☐ **Arm**	男 腕	☐ **aus|steigen**	動 下車する
☐ Artikel	男 記事；商品	☐ aus|suchen	動 選び出す
☐ **Arzt**	男 医者	☐ **Ausweis**	男 身分証明書
☐ **Ärztin**	女 女医	☐ aus|ziehen	動 脱ぐ
☐ Asien	中 アジア	☐ **Auto**	中 自動車
☐ atmen	動 呼吸する	☐ **Autobahn**	女 アウトバーン
☐ **auch**	副 ～も	☐ **Automat**	男 自動販売機
☐ **auf**	前 ～の上に	☐ automatisch	形 自動[式]の
☐ Aufenthalt	男 滞在；停車	☐ Azubi(=Auszubildende[r])	
☐ **Aufgabe**	女 課題		男・女 職業訓練生
☐ auf|hören	動 やむ；やめる		
☐ **auf|machen**	動 開ける		**B**
☐ aufmerksam	形 注意深い		
☐ auf|passen	動 注意を集中する	☐ **Baby**	中 赤ん坊
☐ auf|räumen	動 片づける	☐ **backen**	動 (パンなどを)焼く
☐ **auf|stehen**	動 立ち上がる	☐ Bäckerei	女 パン屋
☐ Aufzug	男 エレベーター	☐ **Bad**	中 浴室；プール
☐ **Auge**	中 目	☐ **baden**	動 入浴する；
☐ **Augenblick**	男 瞬間		水浴する
☐ **August**	男 8月	☐ Badezimmer	中 浴室
☐ **aus**	前 ～から	☐ **Bahn**	女 鉄道；軌道
☐ Ausflug	男 ハイキング	☐ **Bahnhof**	男 駅
☐ aus|füllen	動 (用紙に)記入する	☐ **Bahnsteig**	男 プラットホーム
☐ **Ausgang**	男 出口	☐ **bald**	副 間もなく

☑ Balkon	男	バルコニー	☑ **Beruf**	男	職業
☑ Ball	男	ボール；舞踏会	☑ berühmt	形	有名な
☑ **Banane**	女	バナナ	☑ Bescheid	男	知らせ, 通知
☑ Band	中	リボン；テープ	☑ beschweren	再	苦情を言う
☑ **Bank**¹	女	銀行	☑ **besetzt**	形	ふさがっている
☑ Bank²	女	ベンチ	☑ besitzen	動	所有している
☑ Bart	男	ひげ	☑ Besitzer	男	所有者
☑ Batterie	女	電池	☑ **besonders**	副	特に
☑ **Bauch**	男	腹	☑ **besser**	形	よりよい
☑ **bauen**	動	建てる	☑ Besserung	女	改善；回復
☑ Bauer	男	農民	☑ **best**	形	最もよい
☑ **Baum**	男	木	☑ bestehen	動	成る；固執する
☑ Baustelle	女	建築(工事)現場	☑ **bestellen**	動	注文する
☑ Beamte[r]	男	公務員	☑ **bestimmt**	副	確かに, きっと
☑ **bedeuten**	動	意味する	☑ Besuch	男	訪問[客]
☑ beeilen	再	急ぐ	☑ **besuchen**	動	訪れる
☑ befinden	再	～にある(いる)	☑ Betrieb	男	企業, 工場
☑ **begegnen**	動	出会う	☑ betrunken	形	酔っ払った
☑ **beginnen**	動	始め(ま)る	☑ **Bett**	中	ベッド
☑ begleiten	動	同伴する	☑ **bevor**	接	～するまえに
☑ **bei**	前	～の近くに	☑ bewegen	動	動かす
☑ **beide**	形	両方の	☑ Bewerbung	女	応募, 志願
☑ **Bein**	中	脚	☑ **Bewohner**	男	住民
☑ beinah[e]	副	ほとんど	☑ bewölkt	形	曇った
☑ **Beispiel**	中	例	☑ **bezahlen**	動	支払う
☑ beißen	動	かむ	☑ Bibliothek	女	図書館
☑ **bekannt**	形	よく知られた	☑ **Bier**	中	ビール
☑ Bekannte[r]	男・女	知人	☑ bieten	動	差し出す
☑ **bekommen**	動	手に入れる	☑ **Bild**	中	絵；写真
☑ beliebt	形	人気のある	☑ **billig**	形	安い
☑ **benutzen**	動	使用する	☑ Birne	女	なし(梨)
☑ Benzin	中	ガソリン	☑ **bis**	前・接	～まで
☑ beobachten	動	観察する	☑ bisher	副	今まで
☑ bequem	形	快適な	☑ **bisschen**	代	少しの
☑ beraten	動	助言(忠告)する	☑ bitte	副	どうぞ
☑ **bereit**	形	用意のできた	☑ **Bitte**	女	頼み
☑ **Berg**	男	山	☑ **bitten**	動	頼む
☑ Bericht	男	報告	☑ bitter	形	苦い

☐ Blatt 中 葉；紙；新聞
☐ **blau** 形 青い
☐ **bleiben** 動 とどまる
☐ **Bleistift** 男 鉛筆
☐ blicken 動 目を向ける
☐ Blog 中・男 ブログ
☐ blond 形 ブロンドの
☐ bloß 副 ただ〜だけ
☐ **Blume** 女 花
☐ Bluse 女 ブラウス
☐ Blut 中 血
☐ Blüte 女 (樹木の)花
☐ bluten 動 出血する
☐ **Boden** 男 地面；床
☐ Bohne 女 豆；コーヒー豆
☐ **böse** 形 悪い；怒った
☐ **braten** 動 (肉などを)焼く
☐ **brauchen** 動 必要とする
☐ braun 形 褐色の
☐ BRD (=Bundesrepublik Deutschland) ((略))
　　　　　　女 ドイツ連邦共和国
☐ **brechen** 動 折る，砕く
☐ **breit** 形 幅の広い
☐ Bremse 女 ブレーキ
☐ bremsen 動 ブレーキをかける
☐ Brett 中 板
☐ **Brief** 男 手紙
☐ Briefkasten 男 郵便ポスト
☐ **Briefmarke** 女 切手
☐ Brieftasche 女 札入れ
☐ Briefträger 男 郵便配達人
☐ Briefumschlag 男 封筒
☐ **Brille** 女 めがね
☐ **bringen** 動 持って来る
☐ **Brot** 中 パン
☐ **Brötchen** 中 ブレートヒェン
☐ **Brücke** 女 橋

☐ **Bruder** 男 兄, 弟
☐ Brust 女 胸
☐ **Buch** 中 本
☐ buchen 動 記帳(予約)する
☐ Buchhandlung 女 書店
☐ Buchstabe 男 文字
☐ buchstabieren 動 つづりを言う
☐ Bühne 女 舞台，シーン
☐ bunt 形 色とりどりの
☐ Burg 女 城塞
☐ Bürger 男 市民
☐ **Büro** 中 オフィス
☐ Bürste 女 ブラシ
☐ **Bus** 男 バス
☐ **Butter** 女 バター

C

☐ ca.(=circa) ((略)) およそ, 約
☐ **Café** 中 喫茶店
☐ CD-Platte 女 CD
☐ Celsius 中 セ氏, 摂氏
☐ **Cent** 男 セント
☐ **Chef** 男 (部・課などの)長
☐ China 中 中国
☐ Chinese 男 中国人
☐ chinesisch 形 中国の
☐ **Computer** 男 コンピュータ
☐ Coronakrise 女 コロナ危機(禍)
☐ Cousin 男 いとこ(従兄弟)
☐ Cousine 女 いとこ(従姉妹)
☐ Covid-19 中 新型コロナ感染症
☐ Creme, Crème 女 [生]クリーム

D

☐ **da** 副 そこに；
　　　　　接 〜なので

☑ dabei	副 そのそば(際)に	☑ d.h.(=das heißt) ((略))	すなわち, つまり
☑ Dach	中 屋根	☑ dich	代 君を
☑ dafür	副 そのために; それに賛成して	☑ dick	形 厚い;太った
☑ dagegen	副 それに向かって; それに反対して	☑ die	冠 その, この, あの
		☑ Dienstag	男 火曜日
☑ daher	副 そこから	☑ dieser	代 この
☑ damals	副 当時	☑ Ding	中 物[品];事[柄]
☑ Dame	女 ご婦人	☑ dir	代 君に
☑ daher	副 それでもって; 接 ～するために	☑ direkt	形 直接的な;直通の
		☑ disktieren	動 討論する
☑ daneben	副 そのそばに	☑ doch	副 でも, やっぱり
☑ Dank	男 感謝	☑ Doktor	男 博士
☑ danke	間 ありがとう	☑ Donnerstag	男 木曜日
☑ danken	動 感謝する	☑ doppelt	形 二倍の, 二重の
☑ dann	副 それから	☑ Doppelzimmer	中 ツインルーム
☑ darauf	副 その上に	☑ Dorf	中 村
☑ das	冠 その, この, あの	☑ dort	副 あそこに
☑ dass	接 ～ということ	☑ dorther	副 そこから
☑ Datei	女 データファイル	☑ Dose	女 容器;缶
☑ Datum	中 日付	☑ draußen	副 外で
☑ dauern	動 (時間が)かかる	☑ drehen	動 回す
☑ DB(=Deutsche Bahn) ((略)) 女 ドイツ鉄道		☑ drei	数 (基数)3
		☑ dreißig	数 (基数)30
☑ Decke	女 毛布;天井	☑ dreizehn	数 (基数)13
☑ decken	動 おおう	☑ drigend	形 緊急の
☑ dein	代 君の	☑ drinnen	副 内側で, 室内で
☑ denken	動 考える	☑ dritt	数 (序数)第3の
☑ Denkmal	中 記念碑	☑ drucken	動 印刷する
☑ denn	接 というのは	☑ drücken	動 押す
☑ der	冠 その, この, あの	☑ Drucker	男 プリンター
☑ deshalb	副 それゆえに	☑ du	代 君は
☑ deutlich	形 明白な	☑ dumm	形 愚かな
☑ deutsch	形 ドイツの	☑ dunkel	形 暗い
☑ Deutsch	中 ドイツ語	☑ dünn	形 薄い;細い
☑ Deutsche[r]	男・女 ドイツ人	☑ durch	前 ～を通って
☑ Deutschland	中 ドイツ	☑ Durchsage	女 通報, アナウンス
☑ Dezember	男 12月	☑ dürfen	助 ～してもよい

☐ **Durst**	男 (のどの)渇き	☐ Eisen	中 鉄
☐ **Dusche**	女 シャワー	☐ **Eisenbahn**	女 鉄道
☐ **duschen**	動 シャワーを浴びる	☐ elektrisch	形 電気の
☐ Dutzend	中 ダース	☐ **elf**	数 (基数)11
		☐ **elft**	数 (序数)第11の
E		☐ **Eltern**	複 両親
		☐ **E-mail**	女 E メール
☐ eben	副 ちょうど	☐ empfangen	動 受け取る
☐ echt	形 本物の	☐ **Empfänger**	男 受取人
☐ **Ecke**	女 角(かど)	☐ empfehlen	動 薦める
☐ egal	形 どうでもよい	☐ empfinden	動 感じる
☐ ehe	接 〜するまえに	☐ **Ende**	中 終わり
☐ **Ehe**	女 結婚生活	☐ **enden**	動 終わる
☐ **Ei**	中 卵	☐ **endlich**	副 ついに
☐ eigen	形 自分自身の	☐ eng	形 狭い
☐ eigentlich	副 もともと	☐ England	中 イギリス
☐ **eilig**	形 急いでいる	☐ **Engländer**	男 イギリス人
☐ **ein**	冠 ある〜	☐ englisch	形 イギリスの
☐ einander	代 互いに	☐ **Englisch**	中 英語
☐ **eine**	冠 ある〜	☐ **Enkel**	男 孫
☐ einer	代 ある人(もの)	☐ entdecken	動 発見する
☐ **einfach**	形 簡単な；片道の	☐ entfernt	形 遠く離れた
☐ **Eingang**	男 入口	☐ entscheiden	動 決定する
☐ einige	代 いくつかの	☐ entschließen	再 決心する
☐ **ein|kaufen**	動 買い込む	☐ **entschuldigen**	動 許す
☐ **ein|laden**	動 招待する	☐ Entschuldigung	女 許し
☐ **Einladung**	女 招待	☐ entstehen	動 発生する
☐ **einmal**	副 一回；かつて；いつか	☐ entweder A oder B	接 A か B か
☐ **eins**	数 (基数)1	☐ entwickeln	動 発展させる
☐ **ein|steigen**	動 乗り込む	☐ **er**	代 彼は
☐ **Eintritt**	男 入場[料]；入会	☐ **Erde**	女 地球；大地
☐ **Einwohner**	男 住民	☐ **Erdgeschoss**	中 1階
☐ einzeln	形 個々の	☐ erfahren	動 聞き知る
☐ Einzelzimmer	中 シングルルーム	☐ Erfahrung	女 経験
☐ **ein|ziehen**	動 引っ越して来る	☐ erfinden	動 発明する
☐ einzig	形 唯一の	☐ **Erfolg**	男 成果
☐ **Eis**	中 氷；アイスクリーム	☐ erhalten	動 受け取る
		☐ **erinnern**	再 思い出す

☑ erkälten 　(再) かぜをひく
☑ erklären 　(動) 説明する
☑ erlauben 　(動) 許可する
☑ Erlaubnis 　(女) 許可
☑ Ermmäßigung (女) 値下げ；割引
☑ erreichen 　(動) 達する
☑ erschrecken (動) 驚く
☑ erst 　(数) (序数) 第1の
☑ Erwachsene[r] (男)・(女) 大人
☑ erzählen 　(動) 物語る
☑ es 　(代) それは(を)
☑ essen 　(動) 食べる
☑ Essen 　(中) 食事
☑ etwa 　(副) およそ
☑ etwas 　(代) 何か；いくらか
☑ EU (=Europäische Union)
　　　　((略)) (女) ヨーロッ
　　　　　　　　パ連合
☑ euch 　(代) 君たちに(を)
☑ euer 　(代) 君たちの
☑ Euro 　(男) ユーロ
☑ Europa 　(中) ヨーロッパ
☑ Europäer 　(男) ヨーロッパ人
☑ europäisch (形) ヨーロッパの

F

☑ Fabrik 　(女) 工場
☑ fahren 　(動) (乗り物で) 行く
☑ Fahrer 　(男) 運転者
☑ Fahrkarte 　(女) (列車などの)
　　　　　　　　乗車券
☑ Fahrplan 　(男) 時刻表
☑ Fahrrad 　(中) 自転車
☑ Fahrschein (男) (市電・バスの)
　　　　　　　　乗車券
☑ Fahrt 　(女) (乗り物の) 走行
☑ Fall 　(男) 場合；事件

☑ fallen 　(動) 落ちる
☑ falsch 　(形) まちがった
☑ Familie 　(女) 家族
☑ Familienname (男) 姓
☑ Familienstand (男) 配偶状況
☑ Farbe 　(女) 色
☑ Fass 　(中) たる
☑ fassen 　(動) つかむ
☑ fast 　(副) ほとんど
☑ faul 　(形) 怠惰な
☑ Fax 　(中) ファクス
☑ Februar 　(男) 2月
☑ Feder 　(女) 羽毛；ペン
☑ fehlen 　(動) 欠けている
☑ Fehler 　(男) まちがい
☑ Feier 　(男) 祝典
☑ Feierabend (男) 仕事(店) じまい
☑ feiern 　(動) 祝う
☑ Feiertag 　(男) 祝祭日
☑ fein 　(形) 細かい；良質の
☑ Feind 　(男) 敵
☑ Feld 　(中) 野原；畑
☑ Fenster 　(中) 窓
☑ Ferien 　(複) (学校などの) 休暇
☑ fern 　(形) 遠い
☑ fern|sehen (動) テレビを見る
☑ Fernsehen (中) テレビ放送
☑ Fernseher (男) テレビ
☑ fertig 　(形) できあがった
☑ fest 　(形) 堅い；固定した
☑ Fest 　(中) 祭り；祝祭
☑ fett 　(形) 脂肪の多い
☑ feucht 　(形) 湿った
☑ Feuer 　(中) 火；火事
☑ Fieber 　(中) 熱
☑ Film 　(男) フィルム；映画
☑ finden 　(動) 見つける
☑ Finger 　(男) 指

163

☐ **Firma**	女 会社, 商社		☐ **fremd**	形 見知らぬ；外国の
☐ **Fisch**	男 魚		☐ Fremde[r]	男・女 よその人
☐ fit	形 体調のよい		☐ Freude	女 喜び
☐ flach	形 平らな；浅い		☐ **freuen**	動 喜ぶ
☐ **Flasche**	女 びん		☐ **Freund**	男 友だち
☐ **Fleisch**	中 肉		☐ **Freundin**	女 女友だち
☐ **fleißig**	形 勤勉な		☐ **freundlich**	形 親切な
☐ **fliegen**	動 飛ぶ		☐ Frieden	男 平和
☐ fließen	動 流れる		☐ frieren	動 凍える
☐ Flohmarkt	男 フリーマーケット		☐ **frisch**	形 新鮮な
☐ Flöte	女 フルート		☐ Friseur	男 理容(美容)師
☐ Flug	男 飛行；空の旅		☐ Frist	女 期間；期限
☐ Flügel	男 翼		☐ **froh**	形 喜んでいる
☐ **Flughafen**	男 空港		☐ fröhlich	形 楽しげな
☐ **Flugzeug**	中 飛行機		☐ Frucht	女 果実
☐ Flur	男 廊下；玄関ホール		☐ **früh**	形 (時刻が)早い
☐ **Fluss**	男 川		☐ **früher**	形 以前の；
☐ folgen	動 ついて行く			副 以前は
☐ fordern	動 要求する		☐ **Frühling**	男 春
☐ Forelle	女 ます(鱒)		☐ **Frühstück**	中 朝食
☐ Form	女 形；形式		☐ **frühstücken**	動 朝食を食べる
☐ **Formular**	中 申し込み用紙		☐ **fühlen**	動 感じる
☐ Forschung	女 研究		☐ **führen**	動 導く；通じている
☐ fort	副 去って		☐ Führerschein	男 運転免許証
☐ **Foto**	中 写真		☐ Führung	女 案内；指導
☐ Fotoapparat	男 カメラ		☐ füllen	動 満たす
☐ **fotografieren**	動 写真を撮る		☐ Füller	男 万年筆
☐ **Frage**	女 質問		☐ Fundbüro	中 遺失物取扱所
☐ **fragen**	動 尋ねる		☐ **fünf**	数 (基数)5
☐ Frankreich	中 フランス		☐ **fünft**	数 (序数)第5の
☐ Franzose	男 フランス人		☐ **fünfzehn**	数 (基数)15
☐ französisch	形 フランスの		☐ **fünfzig**	数 (基数)50
☐ **Französisch**	中 フランス語		☐ funktionieren	動 機能する
☐ **Frau**	女 女性；～さん(女性)		☐ **für**	前 ～のために
☐ **frei**	形 自由な		☐ furchtbar	形 恐ろしい
☐ **Freitag**	男 金曜日		☐ fürchten	動 恐れる
☐ freiwillig	形 自発的な		☐ **Fuß**	男 足
☐ **Freizeit**	女 自由時間, 余暇		☐ **Fußball**	男 サッカー

☑ Fußboden (男) 床(ゆか)
☑ Fußgänger (男) 歩行者

G

☑ **Gabel** (女) フォーク
☑ **ganz** (形) 全体の；
　　　　(副) まったく
☑ **gar** (副) 全然
☑ Garage (女) 車庫
☑ Garderobe (女) クローク
☑ **Garten** (男) 庭
☑ Gas (中) ガス
☑ Gasse (女) 路地
☑ **Gast** (男) 客
☑ Gasthaus (中) 旅館
☑ **Gebäude** (中) 建物
☑ **geben** (動) 与える
☑ Gebirge (中) 山脈
☑ **geboren** (形) 生まれた
☑ Gebühr (女) (公共の)料金
☑ Geburtsjahr (中) 生年
☑ Geburtsort (男) 出生地
☑ **Geburtstag** (男) 誕生日
☑ Gedanke (男) 考え
☑ geehrt (形) 尊敬された
☑ Gefahr (女) 危険
☑ gefährlich (形) 危険な
☑ **gefallen** (動) 気に入る
☑ Gefühl (中) 感情
☑ **gegen** (前) ～に対して
☑ Gegend (女) 地方
☑ Gegenteil (中) 反対，逆
☑ gegenüber (前) ～の向かいに
☑ Gegenwart (女) 現在；現代
☑ Gehalt (中) 給料
☑ **gehen** (動) 行く
☑ **gehören** (動) ～に属する

☑ Geige (女) バイオリン
☑ Geist (男) 精神
☑ **gelb** (形) 黄色の
☑ **Geld** (中) お金
☑ Geldbeutel (男) 財布
☑ Gelegenheit (女) 機会
☑ gelingen (動) うまくいく
☑ gelten (動) 有効である
☑ **Gemüse** (中) 野菜
☑ **genau** (形) 正確な
☑ genießen (動) 享受する
☑ **genug** (副) 十分に
☑ **Gepäck** (中) 手荷物
☑ **gerade** (副) ちょうど
☑ geradeaus (副) まっすぐに
☑ Gerät (中) 器具
☑ geraten (動) 陥る
☑ Gericht (中) 料理
☑ **gern[e]** (副) 好んで
☑ **Geschäft** (中) 商店
☑ geschehen (動) 起こる
☑ **Geschenk** (中) 贈り物
☑ **Geschichte** (女) 歴史；物語
☑ Geschirr (中) 食器[セット]
☑ **Geschwister** (複) 兄弟姉妹
☑ Gesellschaft (女) 社会；会社
☑ Gesetz (中) 法律
☑ **Gesicht** (中) 顔
☑ **Gespräch** (中) 会話
☑ **gestern** (副) きのう
☑ **gestorben** (形) 死去した
☑ **gesund** (形) 健康な
☑ **Gesundheit** (女) 健康
☑ **Getränk** (中) 飲み物
☑ **Gewicht** (中) 重さ；重要性
☑ **gewinnen** (動) 獲得する
☑ gewiss (形) 確かな
☑ Gewitter (中) 雷雨

☐ gewöhnen 再 慣れる
☐ gewöhnlich 副 普通は
☐ gießen 動 注ぐ
☐ Gitarre 女 ギター
☐ **Glas** 中 ガラス；コップ
☐ glatt 形 なめらかな
☐ **glauben** 動 信じる
☐ **gleich** 形 等しい；
　　　　　 副 すぐに
☐ gleichzeitig 形 同時の
☐ **Gleis** 中 (ホームの)番線
☐ Glied 中 手足
☐ global 形 グローバルな
☐ Glocke 女 鐘
☐ **Glück** 中 幸運
☐ **glücklich** 形 幸せな
☐ **Glückwunsch** 男 お祝いの言葉
☐ Gold 中 金
☐ golden 形 金色の
☐ Gott 男 神
☐ graben 動 掘る
☐ **Grad** 男 度；度合い
☐ **Gramm** 中 グラム
☐ Grammatik 女 文法
☐ Gras 中 草
☐ **gratulieren** 動 お祝いを言う
☐ **grau** 形 灰色の
☐ greifen 動 つかむ
☐ **Grenze** 女 境界；国境
☐ Griechenland 中 ギリシア
☐ grillen 動 グリルで焼く
☐ Grippe 女 流感
☐ **groß** 形 大きい
☐ **Größe** 女 大きさ
☐ Großeltern 複 祖父母
☐ **Großmutter** 女 祖母
☐ Großstadt 女 大都市
☐ größt 形 最も大きい

☐ **Großvater** 男 祖父
☐ **grün** 形 緑色の
☐ **Grund** 男 基礎；理由
☐ gründen 動 創設(設立)する
☐ Grundschule 女 基礎学校,
　　　　　　　　　 小学校
☐ **Gruppe** 女 グループ
☐ **Gruß** 男 あいさつ
☐ **grüßen** 動 あいさつする
☐ gültig 形 有効な
☐ **günstig** 形 好都合の
☐ **gut** 形 よい
☐ Gymnasium 中 ギムナジウム
☐ Gymnastik 女 体操

H

☐ **Haar** 中 髪
☐ **haben** 動 持っている
☐ Hafen 男 港
☐ Hahn 男 おんどり
☐ Hähnchen 中 若どり
☐ Haken 男 掛けくぎ
☐ **halb** 形 半分の
☐ Hälfte 女 半分
☐ Halle 女 ホール
☐ **hallo** 間 もしもし！；やあ！
☐ **Hals** 男 首
☐ **halten** 動 保つ
☐ **Haltestelle** 女 停留所
☐ **Hand** 女 手
☐ handeln 動 行動する
☐ Handtasche 女 ハンドバッグ
☐ **Handtuch** 中 タオル
☐ **Handy** 中 携帯電話
☐ **hängen** 動 掛かっている
☐ **hart** 形 固い；厳しい
☐ Hase 女 うさぎ

166

☐ hässlich 形 醜い
☐ häufig 形 たび重なる
☐ Hauptbahnhof 男 中央駅
☐ Hauptstadt 女 首都
☐ Hauptstraße 女 メインストリート
☐ **Haus** 中 家
☐ **Hausaufgabe** 女 宿題
☐ **Hausfrau** 女 主婦
☐ Haushalt 男 家政, 家事
☐ Hausmann 男 主夫
☐ Haustier 中 家畜；ペット
☐ Haut 女 皮膚
☐ heben 動 持ち上げる
☐ **Heft** 中 ノート
☐ heftig 形 激しい
☐ Heimat 女 故郷
☐ **heiraten** 動 結婚する
☐ **heiß** 形 熱い；暑い
☐ **heißen** 動 ～という名である
☐ heiter 形 朗らかな
☐ Heizung 女 暖房
☐ **helfen** 動 助ける
☐ **hell** 形 明るい
☐ Hemd 中 シャツ
☐ **her** 副 こちらへ
☐ **heraus** 副 (こちらの)外へ
☐ **Herbst** 男 秋
☐ **Herd** 男 レンジ；こんろ
☐ herein 副 (こちらの)中へ
☐ **Herr** 男 紳士；～さん(男性)
☐ herrlich 形 すばらしい
☐ her|stellen 動 製造する
☐ herunter|laden 動 ダウンロードする
☐ **Herz** 中 心臓
☐ herzlich 形 心からの
☐ **heute** 副 きょう
☐ **hier** 副 ここに

☐ hierher 副 こちらへ
☐ **Hilfe** 女 助け
☐ Himmel 男 空
☐ **hin** 副 あちらへ
☐ hindern 動 妨げる
☐ **hinten** 副 後方へ
☐ **hinter** 前 ～の後ろに
☐ Hitze 女 熱さ；暑さ
☐ **Hobby** 中 趣味
☐ **hoch** 形 高い
☐ Hochzeit 女 結婚式
☐ Hof 男 中庭
☐ **hoffen** 動 希望する
☐ **hoffentlich** 副 望むらくは
☐ höflich 形 礼儀正しい
☐ Höhe 女 高さ
☐ **holen** 動 取りに行く
☐ **Holz** 中 木材
☐ **hören** 動 聞く
☐ **Hose** 女 ズボン
☐ **Hotel** 中 ホテル
☐ **hübsch** 形 かわいい
☐ **Hund** 男 犬
☐ **hundert** 数 (基数)100
☐ **Hunger** 男 空腹
☐ hungrig 形 空腹の
☐ husten 動 せきをする
☐ **Hut** 男 (縁のある)帽子

I

☐ **ich** 代 私は
☐ Idee 女 アイデア
☐ **ihm** 代 彼に；それに
☐ **ihn** 代 彼を
☐ **ihnen** 代 彼らに
☐ **Ihnen** 代 あなた[がた]に
☐ **ihr**[1] 代 君たちは

☑ **ihr**² 　　㊣彼女に

☑ **ihr**³ 　　㊣彼女の；彼らの

☑ **Ihr** 　　㊣あなた［がた］の

☑ Imbiss 　　㊚軽食［堂］

☑ **immer** 　　㊐いつも

☑ **in** 　　㊝～の中に

☑ indem 　　㊥～することによって

☑ **Industrie** 　㊛工業

☑ **Information** ㊛情報；案内所

☑ Ingenieur 　　㊚技師

☑ Inhalt 　　㊚内容

☑ innen 　　㊐内側で

☑ inner 　　㊒内部の

☑ Insel 　　㊛島

☑ Institut 　　㊥研究所

☑ Instrument 　㊥機器；楽器

☑ intelligent 　㊒知的な

☑ **interessant**㊒興味深い

☑ Interesse 　㊥興味

☑ **interessieren** ㊐興味を持つ

☑ **international** ㊒国際的な

☑ **Internet** 　㊥インターネット

☑ irgend 　　㊣だれか；何か

☑ irren 　　㊐思い違いをする

☑ Italien 　　㊥イタリア

☑ Italiener 　　㊚イタリア人

☑ italienisch 　㊒イタリアの

☑ Italienisch 　㊥イタリア語

J

☑ **ja** 　　㊐はい

☑ **Jacke** 　　㊛上着

☑ jagen 　　㊔狩る

☑ **Jahr** 　　㊥年

☑ **Jahreszeit** 　㊛季節

☑ Jahrhundert㊥世紀

☑ jährlich 　　㊒毎年の

☑ **Januar** 　　㊚1月

☑ **Japan** 　　㊥日本

☑ **Japaner** 　　㊚日本人

☑ **japanisch** 　㊒日本の

☑ **Japanisch** 　㊥日本語

☑ **je** 　　㊐かつて；いつか

☑ **jedenfalls** 　㊐いずれにせよ

☑ **jeder** 　　㊣どの～も

☑ **jemand** 　　㊣だれか

☑ jener 　　㊣あの

☑ **jetzt** 　　㊐いま

☑ **Job** 　　㊚アルバイト；職

☑ Journalist 　㊚ジャーナリスト

☑ Jugend 　　㊛青少年

☑ Jugendherberge ㊛ユースホステル

☑ **Jugendliche[r]** ㊚・㊛青少年

☑ **Juli** 　　㊚7月

☑ **jung** 　　㊒若い

☑ **Junge** 　　㊚男の子

☑ **Juni** 　　㊚6月

K

☑ **Kaffee** 　　㊚コーヒー

☑ Kaiser 　　㊚皇帝

☑ Kalb 　　㊥子牛

☑ Kalender 　　㊚カレンダー

☑ **kalt** 　　㊒冷たい；寒い

☑ **Kamera** 　　㊛カメラ

☑ Kamm 　　㊚くし

☑ Kampf 　　㊚戦い

☑ Kaninchen 　㊥飼いうさぎ

☑ Kanne 　　㊛ポット

☑ **kaputt** 　　㊒壊れた

☑ Karte 　　㊛カード

☑ **Kartoffel** 　㊛じゃがいも

☑ **Käse** 　　㊚チーズ

☑ **Kasse**	囡	勘定場, レジ	☑ klicken	動	クリックする
☑ Kasten	男	箱	☑ Klima	伸	気候
☑ **Katze**	囡	猫	☑ klingeln	動	鳴る
☑ **kaufen**	動	買う	☑ Klinik	囡	専門病院
☑ Kaufhaus	伸	デパート	☑ **klopfen**	動	(軽く)たたく
☑ **Kaufmann**	男	商人, 商社員	☑ **klug**	形	利口な
☑ **kaum**	副	ほとんど～ない	☑ Knie	伸	ひざ
☑ **kein**	代	なにも～ない	☑ Knochen	男	骨
☑ keiner	代	ひとり(ひとつ)も～	☑ Knopf	男	ボタン
		ない	☑ **kochen**	動	料理する
☑ **Keller**	男	地下室	☑ **Koffer**	男	トランク
☑ Kellner	男	ウエーター	☑ Kohl	男	キャベツ
☑ Kellnerin	囡	ウエートレス	☑ Kohle	囡	石炭
☑ **kennen**	動	(人・物を)	☑ Kollege	男	同僚
		知っている	☑ komisch	形	こっけいな
☑ Kenntnis	囡	承知；知識	☑ **kommen**	動	来る
☑ **kennen|lernen**	動	知り合いにな	☑ Konditorei	囡	ケーキ屋(店)
		る	☑ König	男	国王
☑ Kette	囡	鎖	☑ **können**	助	～できる
☑ Kfz(=Kraftfahrzeug)			☑ Kontakt	男	コンタクト
	((略)) 伸 自動車		☑ **Konto**	伸	口座
☑ **Kilo**	伸	キログラム	☑ kontrolieren	動	検査する；
☑ **Kilogramm**	伸	キログラム			制御する
☑ **Kilometer**	伸	キロメートル	☑ Kontrolle	囡	検査；制御
☑ **Kind**	伸	子供	☑ **Konzert**	伸	コンサート
☑ **Kindergarten**	男	幼稚園	☑ **Kopf**	男	頭
☑ **Kino**	伸	映画館	☑ Kopfschmerzen	複	頭痛
☑ **Kiosk**	男	(街頭などの)売店	☑ **Kopie**	囡	コピー
☑ **Kirche**	囡	教会	☑ kopieren	動	コピーする
☑ **klar**	形	澄んだ；明白な	☑ Korea	伸	朝鮮〔半島〕
☑ **Klasse**	囡	クラス	☑ Koreaner	男	朝鮮人, 韓国人
☑ **Klavier**	伸	ピアノ	☑ **Körper**	男	体
☑ kleben	動	貼りつける	☑ Kosmetik	囡	美容
☑ **Kleid**	伸	ワンピース	☑ **kosten**	動	～の値段である
☑ **Kleidung**	囡	衣服	☑ kostenlos	形	無料の
☑ **klein**	形	小さい	☑ Kraft	囡	力
☑ Kleingeld	伸	小銭	☑ **krank**	形	病気の
☑ klettern	動	よじ登る	☑ Kranke[r]	男・囡	病人

169

☑ **Krankenhaus** 中 病院
☑ Krankenkasse 女 健康保険[組合]
☑ **Krankheit** 女 病気
☑ Krawatte 女 ネクタイ
☑ Kredit 男 クレジット
☑ **Kreditkarte** 女 クレジットカード
☑ Kreide 女 チョーク
☑ Kreis 男 円；サークル
☑ Kreuzung 女 交差点
☑ Krieg 男 戦争
☑ **kriegen** 動 手に入れる
☑ **Küche** 女 台所
☑ **Kuchen** 男 ケーキ
☑ **Kugelschreiber** 男 ボールペン
☑ Kuh 女 雌牛
☑ **kühl** 形 涼しい
☑ **Kühlschrank** 男 冷蔵庫
☑ Kuli 男 ボールペン
☑ Kultur 女 文化
☑ **kümmern** 再 面倒をみる
☑ Kunde 男 顧客
☑ kündigen 動 解約(解雇)を通知
する
☑ Kunst 女 芸術
☑ Künstler 男 芸術家
☑ Kunststoff 男 プラスチック
☑ **Kurs** 男 コース；講習会
☑ Kurve 女 カーブ
☑ **kurz** 形 短い
☑ **küssen** 動 キスをする
☑ Küste 女 海岸

L

☑ **lachen** 動 笑う
☑ **Laden** 男 店
☑ **Lampe** 女 電灯
☑ **Land** 中 国；州；田舎

☑ landen 動 着陸する
☑ Landkarte 女 地図
☑ Landschaft 女 風景
☑ **lang** 形 長い
☑ **lange** 副 長い間
☑ **langsam** 形 ゆっくりとした
☑ langweilig 形 退屈な
☑ Laptop 男・中 ノートパソコン
☑ **lassen** 動 〜させる
☑ **laufen** 動 走る
☑ **laut** 副 大声で
☑ **leben** 動 生きる
☑ **Leben** 中 命；生活
☑ lebendig 形 生き生きとした
☑ **Lebensmittel** 複 食料品
☑ **ledig** 形 独身の
☑ **leer** 形 空(から)の
☑ **legen** 動 横たえる
☑ **lehren** 動 教える
☑ **Lehrer** 男 教師
☑ **Lehrerin** 女 女教師
☑ **leicht** 形 軽い；容易な
☑ Leid 中 心痛
☑ leiden 動 苦しむ
☑ **leider** 副 残念ながら
☑ leid|tun 動 残念がらせる
☑ leihen 動 貸す
☑ **leise** 形 音(声)の小さい
☑ **lernen** 動 学ぶ
☑ **lesen** 動 読む
☑ **letzt** 形 最後の
☑ **Leute** 複 人々
☑ Lexikon 中 事典
☑ Licht 中 明かり
☑ **lieb** 形 いとしい
☑ Liebe 女 愛
☑ **lieben** 動 愛する

☐ **lieber**	副 むしろ	☐ **Mai**	男 5月
☐ **Lied**	中 歌	☐ **Mail**	女・中 メール
☐ liefern	動 配達(提供)する	☐ **mailen**	動 メールする
☐ **liegen**	動 横たわっている	☐ mal	副 一度；さあ
☐ Linie	女 線	☐ **Mal**	中 度, 回
☐ **link**	形 左の	☐ **malen**	動 描く；塗る
☐ linken	動「いいね」を	☐ Maler	男 画家；ペンキ屋
	クリックする	☐ Malerei	女 絵画
☐ **links**	副 左に	☐ **man**	代 人は, 人々は
☐ Lippe	女 唇	☐ **manch**	代 かなりの数の
☐ **Liter**	男・中 リットル	☐ **manchmal**	副 ときどき
☐ Lkw, LKW(=Lastkraftwagen)		☐ **Mann**	男 男；夫
	((略)) 男 トラック	☐ **männlich**	形 男性の；雄の
☐ loben	動 ほめる	☐ Mannschaft	女 チーム
☐ Loch	中 穴	☐ **Mantel**	男 コート, オーバー
☐ **Löffel**	男 スプーン	☐ Mappe	女 書類かばん
☐ Lohn	男 賃金	☐ Märchen	中 童話
☐ Lokal	中 飲食店, 居酒屋	☐ Margarine	女 マーガリン
☐ **los**	形 離れた；起こった	☐ **Markt**	男 市場
	副 さあ, かかれ	☐ Marktplatz	男 [中央]広場
☐ lösen	動 解く；買う	☐ Marmelade	女 ジャム；
☐ los	fahren	動 発車する		マーマレード
☐ **Lösung**	女 解決；解答	☐ **März**	男 3月
☐ **Luft**	女 空気	☐ **Maschine**	女 機械；飛行機
☐ Luftpost	女 航空郵便	☐ Mathematik	女 数学
☐ Lüge	女 うそ	☐ Mauer	女 (屋外の)壁
☐ lügen	動 うそをつく	☐ Mechaniker	男 機械(修理)工
☐ Lunge	女 肺	☐ Medikament	中 薬剤
☐ **Lust**	女 ～する気	☐ **Medizin**	女 医学；薬
☐ **lustig**	形 愉快な	☐ **Meer**	中 海
		☐ **mehr**	形 より多くの
M		☐ mehrere	代 いくつかの
		☐ **mein**	代 私の
☐ **machen**	動 する；作る	☐ meinen	動 思う；言う
☐ **Macht**	女 力	☐ Meinung	女 意見
☐ **Mädchen**	中 女の子	☐ **meist**	形 最も多くの
☐ Magen	男 胃	☐ meistens	副 たいてい
☐ Mahlzeit	女 食事	☐ Meister	男 親方；名人

□ melden	動 知らせる	□ Mittel	中 手段
□ Menge	女 多量	□ **Mittwoch**	男 水曜日
□ Mensa	女 学生食堂	□ **Möbel**	複 家具
□ **Mensch**	男 人間	□ möbliert	形 家具付きの
□ Menü	中 定食	□ **möchte**	助 ～したい
□ merken	動 気づく	□ Mode	女 流行；モード
□ Messe	女 ミサ；見本市	□ **modern**	形 現代的な
□ messen	動 計る	□ **mögen**	助 ～だろう
□ **Messer**	中 ナイフ；包丁	□ **möglich**	形 可能な
□ Metall	中 金属	□ **Moment**	男 瞬間
□ **Meter**	男・中 メートル	□ **Monat**	男 (暦の)月
□ Metzger	男 肉屋(の主人)	□ **Mond**	男 (天体の)月
□ Metzgerei	女 肉屋	□ **Montag**	男 月曜日
□ **mich**	代 私を	□ morgen	副 あす
□ Miete	女 賃貸料	□ **Morgen**	男 朝
□ **mieten**	動 賃借りする	□ morgens	副 朝に
□ **Milch**	女 ミルク	□ Motor	男 エンジン
□ **Milliarde**	女 10億	□ **Motorrad**	中 オートバイ
□ **Million**	女 100万	□ **müde**	形 疲れた
□ **mindestens**	副 少なくとも	□ Mühe	女 苦労
□ Mineralwasser	中 ミネラルウォー	□ **Müll**	男 ごみ
	ター	□ **Mund**	男 口
□ **minus**	接・副 マイナス	□ Münze	女 硬貨
□ **Minute**	女 分	□ **Museum**	中 博物(美術)館
□ **mir**	代 私に	□ **Musik**	女 音楽
□ **mit**	前 ～とともに；～で	□ **müssen**	助 ～ねばならない
□ mit|bringen	動 持って来る	□ Mut	男 勇気
□ miteinander	副 互いに	□ **Mutter**	女 母親
□ Mitglied	中 メンバー, 会員	□ **Mütze**	女 (縁のない)帽子
□ **mit|kommen**	動 いっしょに来る		
□ mit|machen	動 参加する		
□ **mit|nehmen**	動 持って行く	**N**	
□ **Mittag**	男 正午		
□ Mittagessen	中 昼食	□ **nach**	前 ～へ；～のあとで
□ mittags	副 昼に	□ Nachbar	男 隣人
□ **Mitte**	女 中央	□ nachdem	接 ～したあとで
□ mit|teilen	動 伝える	□ nachher	副 あとで
□ Mitteilung	女 知らせ, 通知	□ **Nachmittag**	男 午後
		□ nachmittags	副 午後に

172

☐ Nachricht	女 知らせ；ニュース	☐ niemals	副 一度も〜でない
☐ **nächst**	形 次の	☐ **niemand**	代 だれも〜でない
☐ **Nacht**	女 夜	☐ nirgends	副 どこにも〜でない
☐ nachts	副 夜に	☐ **noch**	副 まだ
☐ Nagel	男 爪	☐ **Norden**	男 北
☐ **nah[e]**	形 近い	☐ nördlich	形 北の
☐ **Nähe**	女 近所	☐ **normal**	形 正常な
☐ Nahrung	女 栄養；食物	☐ Not	女 窮乏
☐ **Name**	男 名前	☐ Note	女 音符；評点
☐ nämlich	副 つまり	☐ notieren	動 書き留める
☐ **Nase**	女 鼻	☐ **nötig**	形 必要な
☐ **nass**	形 ぬれた	☐ Notiz	女 メモ
☐ Nation	女 国民	☐ notwendig	形 必然的な
☐ Nationalität	女 国籍	☐ **November**	男 11月
☐ **Natur**	女 自然	☐ Nr.(=Nummer)	((略)) ナンバー
☐ **natürlich**	副 あとで	☐ Nudel	女 ヌードル
☐ Nebel	男 霧	☐ **null**	数 (基数) 0, ゼロ
☐ **neben**	前 〜の隣に	☐ **Nummer**	女 番号
☐ nebenan	副 並んで	☐ **nun**	副 いまや；さて
☐ Neffe	男 おい(甥)	☐ **nur**	副 ただ〜だけ
☐ **nehmen**	動 取る	☐ Nuss	女 くるみ；ナッツ
☐ **nein**	副 いいえ	☐ nützen	動 役にたつ
☐ **nennen**	動 名づける	☐ nützlich	形 有用な
☐ nervös	形 神経質な		
☐ **nett**	形 感じのよい；親切な		
		O	
☐ **neu**	形 新しい	☐ ob	接 〜かどうか
☐ neugierig	形 好奇心旺盛な	☐ **oben**	副 上に
☐ Neujahr	中 新年	☐ Ober	男 ウエーター, ボーイ
☐ **neun**	数 (基数) 9	☐ **Obst**	中 果物
☐ **neunt**	数 (序数) 第9の	☐ obwohl	接 〜にもかかわらず
☐ **neunzehn**	数 (基数) 19	☐ Ochse	男 雄牛
☐ **neunzig**	数 (基数) 90	☐ od.(=oder)	((略)) または
☐ **nicht**	副 〜ではない	☐ **oder**	接 または
☐ Nichte	女 めい(姪)	☐ Ofen	男 ストーブ
☐ **nichts**	代 何も〜でない	☐ **offen**	形 開いた
☐ **nie**	副 決して〜でない	☐ öffentlich	形 公共の
☐ niedrig	形 低い	☐ **öffnen**	動 開ける

☐ **oft**	副 しばしば	☐ Passagier	男 乗客
☐ **ohne**	前 ～なしに	☐ **passen**	動 (サイズが)合う
☐ **Ohr**	中 耳	☐ passieren	動 起こる
☐ **Oktober**	男 10月	☐ Passwort	中 パスワード
☐ Öl	中 油	☐ **Patient**	男 患者
☐ Oma	女 おばあちゃん	☐ **Pause**	女 休憩
☐ **Onkel**	男 おじ	☐ PC(=Personal Computer)	
☐ Opa	男 おじいちゃん		((略)) 男 パソコン
☐ **Oper**	女 オペラ[劇場]	☐ Pension	女 年金；ペンション
☐ Operation	女 手術	☐ **Person**	女 人, 人物；～名
☐ operieren	動 手術する	☐ persönlich	形 個人的な
☐ **Orange**	女 オレンジ	☐ Pfeffer	男 こしょう
☐ ordnen	動 秩序づける	☐ **Pferd**	男 馬
☐ **Ordnung**	女 秩序；整理	☐ Pflanze	女 植物
☐ **Ort**	男 場所	☐ pflegen	動 世話をする
☐ **Osten**	男 東	☐ Pflicht	女 義務
☐ Ostern	中 復活祭	☐ Pfund	中 ポンド
☐ **Österreich**	中 オーストリア	☐ Philosophie	女 哲学
☐ Österreicher	男 オーストリア人	☐ Physik	女 物理学
☐ österreichisch	形 オーストリアの	☐ Pilz	男 きのこ
☐ östlich	形 東の	☐ Pizza	女 ピザ
		☐ Pkw, PKW	
P		(=Personenkraftwagen)	
			((略)) 男 乗用車
☐ **paar**	形 二三の	☐ Plakat	中 ポスター
☐ Paar	中 一対, 一組	☐ **Plan**	男 計画
☐ Päckchen	中 (小型の)小包	☐ Platte	女 板, プレート
☐ **packen**	動 荷造りする	☐ **Platz**	男 場所；広場
☐ **Paket**	中 包み；小包	☐ **plötzlich**	副 突然に
☐ Panne	女 故障	☐ **plus**	接・副 プラス
☐ **Papier**	中 紙	☐ **Politik**	女 政治
☐ **Park**	男 公園	☐ Politiker	男 政治家
☐ **parken**	動 駐車する	☐ politisch	形 政治の, 政治的な
☐ Parkplatz	男 駐車場	☐ **Polizei**	女 警察
☐ Partei	女 政党	☐ **Polizist**	男 警察官
☐ Partner	男 パートナー	☐ Pommes frites	複 フライドポテト
☐ Party	女 パーティー	☐ populär	形 人気のある
☐ **Pass**	男 パスポート	☐ Portion	女 (飲食物の)一人前

☑ Porto	中 郵便料金		
☑ **Post**	女 郵便[局]		
☑ Postamt	中 郵便局		
☑ **Postkarte**	女 はがき	☑ **Rad**	中 車輪；自転車
☑ Postleitzahl	女 郵便番号	☑ Rad fahren	動 自転車で走る
☑ Praktikum	中 実習, 演習	☑ **Radio**	中 ラジオ
☑ **praktisch**	形 実用的な	☑ rasch	形 すばやい
☑ Präsident	男 大統領	☑ Rasen	男 芝生
☑ **Praxis**	女 実践；医院	☑ Rasierapparat	男 電気かみそり
☑ **Preis**	男 値段	☑ rasieren	再 ひげをそる
☑ preiswert	形 買い得の	☑ **Rat**	男 助言, 忠告
☑ prima	形 すばらしい	☑ **raten**	動 忠告する
☑ privat	形 私的な	☑ **Rathaus**	中 市庁舎
☑ pro	前 〜につき	☑ Rätsel	中 なぞ；クイズ
☑ probieren	動 試してみる	☑ **rauchen**	動 たばこを吸う
☑ **Problem**	中 問題	☑ **Raucher**	男 喫煙者
☑ Produkt	中 生産物；製品	☑ **Raum**	男 部屋
☑ **Professor**	男 教授	☑ **rechnen**	動 計算する
☑ Programm	中 プログラム	☑ **Rechnung**	女 勘定[書]
☑ **Prospekt**	男 パンフレット	☑ **recht**	形 右の；正当な
☑ prost	間 乾杯！	☑ **Recht**	中 権利
☑ **Prozent**	中 パーセント	☑ **rechts**	副 右に
☑ prüfen	動 検査する	☑ Rechtsanwalt	男 弁護士
☑ **Prüfung**	女 試験	☑ reden	動 語る
☑ Pullover	男 プルオーバー	☑ **Regal**	中 棚
☑ **Punkt**	男 点	☑ Regel	女 規則
☑ **pünktlich**	副 時間どおりに	☑ regelmäßig	形 規則的な
☑ Puppe	女 人形	☑ **Regen**	男 雨
☑ **putzen**	動 きれいにする	☑ Regenschirm	男 雨傘

R

Q

☑ Quadratmeter	男・中 平方メートル	☑ **Regierung**	女 政府
		☑ **regnen**	動 雨が降る
☑ **Qualität**	女 品質	☑ **reich**	形 金持ちの
☑ quer	副 横切って	☑ **Reifen**	男 タイヤ
☑ **Quittung**	女 領収書	☑ Reihe	女 列
		☑ rein	形 純粋な
		☑ Reinigung	女 クリーニング[店]
		☑ **Reis**	男 米
		☑ **Reise**	女 旅行

☑ Reisebüro ㊥ 旅行代理店
☑ **reisen** ㋐ 旅行する
☑ reiten ㋐ 馬に乗って行く
☑ Reklame ㊛ 宣伝, 広告
☑ rennen ㋐ 走る
☑ renovieren ㋐ 修復(改装)する
☑ Rente ㊛ 年金
☑ Rentner ㊚ 年金生活者
☑ **Reparatur** ㊛ 修理
☑ **reparieren** ㋐ 修理する
☑ Republik ㊛ 共和国
☑ reservieren ㋐ 予約する
☑ Rest ㊚ 残り
☑ **Restaurant** ㊥ レストラン
☑ retten ㋐ 救う
☑ Rezept ㊥ 処方箋
☑ Rezeption ㊛ 受容；フロント
☑ **richtig** ㊢ 正しい
☑ **Richtung** ㊛ 方向
☑ riechen ㋐ におう
☑ Rind ㊥ 牛；牛肉
☑ Ring ㊚ 指輪
☑ **Rock** ㊚ スカート
☑ roh ㊢ 生(生)の
☑ Rolle ㊛ 役割
☑ Roman ㊚ 長篇小説
☑ Rose ㊛ ばら
☑ **rot** ㊢ 赤い
☑ **Rücken** ㊚ 背
☑ rückwärts ㊄ 後ろへ
☑ **rufen** ㋐ 呼ぶ
☑ Ruhe ㊛ 休息
☑ **ruhig** ㊢ 静かな
☑ **rund** ㊢ 丸い
☑ Rundfunk ㊚ ラジオ放送
☑ Russe ㊚ ロシア人
☑ Russland ㊥ ロシア

S

☑ Saal ㊚ ホール
☑ **Sache** ㊛ 事柄
☑ Sack ㊚ 袋
☑ **Saft** ㊚ ジュース
☑ **sagen** ㋐ 言う
☑ Sahne ㊛ 生クリーム
☑ **Salat** ㊚ サラダ[菜]
☑ **Salz** ㊥ 塩
☑ **sammeln** ㋐ 集める
☑ **Samstag** ㊚ 土曜日
☑ Sand ㊚ 砂
☑ Sänger ㊚ 歌手
☑ **Satz** ㊚ 文章；楽章
☑ **sauber** ㊢ 清潔な
☑ **sauer** ㊢ 酸っぱい
☑ **S-Bahn** ㊛ 都市高速電車
☑ Schachtel ㊛ 箱
☑ **schade** ㊢ 残念な
☑ schaden ㋐ 害する
☑ Schaden ㊚ 損害
☑ Schaf ㊥ 羊
☑ schaffen ㋐ やり遂げる
☑ Schaffner ㊚ 車掌
☑ Schal ㊚ スカーフ
☑ Schale ㊛ 皿, 鉢
☑ **Schalter** ㊚ 窓口；スイッチ
☑ **scharf** ㊢ 鋭い
☑ schauen ㋐ 見る
☑ Schaufenster ㊥ ショーウインドー
☑ Schauspieler ㊚ 俳優
☑ Scheck ㊚ 小切手
☑ **scheinen** ㋐ ～に見える
☑ **schenken** ㋐ プレゼントする
☑ Schere ㊛ はさみ
☑ scheu ㊢ 内気な

176

☐ schick	形 しゃれた, 粋な	☐ Schreibmaschine	女 タイプライ
☐ **schicken**	動 送る		ター
☐ schieben	動 押す, ずらす	☐ schreien	動 悲鳴をあげる
☐ schief	形 斜めの	☐ schriftlich	形 筆記による
☐ schießen	動 撃つ	☐ Schublade	女 引き出し
☐ **Schiff**	中 船	☐ **Schuh**	男 靴
☐ **Schild**	中 表示板, 標識	☐ Schuld	女 罪, 責任
☐ **Schinken**	男 ハム	☐ schuldig	形 罪(責任)がある
☐ Schirm	男 傘	☐ **Schule**	女 学校
☐ **schlafen**	動 眠る	☐ **Schüler**	男 生徒
☐ Schlafzimmer	中 寝室	☐ **Schülerin**	女 女子生徒
☐ **schlagen**	動 打つ	☐ **Schulter**	女 肩
☐ schlank	形 ほっそりした	☐ Schüssel	女 深皿, 鉢
☐ **schlecht**	形 悪い；粗悪な	☐ Schutz	男 保護
☐ **schließen**	動 閉める	☐ schützen	動 保護する
☐ Schließfach	中 コインロッカー	☐ schwach	形 弱い
☐ schließlich	副 最後に	☐ schwanger	形 妊娠している
☐ schlimm	形 悪い；嫌な	☐ **schwarz**	形 黒い
☐ **Schloss**	中 宮殿；錠前	☐ schweigen	動 黙っている
☐ **Schluss**	男 終了	☐ Schwein	中 豚
☐ **Schlüssel**	男 鍵	☐ Schweiz	女 スイス
☐ schmal	形 狭い	☐ Schweizer	男 スイス人
☐ **schmecken**	動 ～の味がする	☐ schweizerisch	形 スイスの
☐ **Schmerzen**	複 痛み	☐ **schwer**	形 重い；難しい
☐ **schmutzig**	形 汚れた	☐ **Schwester**	女 姉, 妹
☐ **Schnee**	男 雪	☐ **schwierig**	形 難しい
☐ schneiden	動 切る	☐ **Schwimmbad**	中 プール
☐ schneien	動 雪が降る	☐ **schwimmen**	動 泳ぐ
☐ **schnell**	形 速い	☐ schwitzen	動 汗をかく
☐ Schnellzug	男 急行列車	☐ **sechs**	数 (基数)6
☐ Schnur	女 ひも, コード	☐ **sechst**	数 (序数)第6の
☐ **Schokolade**	女 チョコレート	☐ **sechzehn**	数 (基数)16
☐ **schon**	副 すでに	☐ **sechzig**	数 (基数)60
☐ **schön**	形 美しい；	☐ See¹	男 湖
	すばらしい	☐ See²	女 海
☐ **Schrank**	男 戸棚；たんす	☐ **sehen**	動 見る
☐ schrecklich	形 恐ろしい	☐ Sehenswürdigkeit	女 名所
☐ **schreiben**	動 書く	☐ **sehr**	副 非常に

☐ Seife	囡 石けん	☐ **singen**	勔 歌う
☐ **sein**[1]	勔 〜である	☐ sinken	勔 沈む
☐ **sein**[2]	伐 彼の	☐ **sitzen**	勔 座っている
☐ seit	俞 〜以来	☐ Sitzung	囡 会議
☐ seitdem	援 〜して以来	☐ Ski	勇 スキー
☐ **Seite**	囡 側面；ページ	☐ Smartphone 囲 スマートフォン
☐ Sekretärin	囡 (女性の)秘書	☐ **so**	勖 それほど；だから
☐ **Sekunde**	囡 秒	☐ sobald	援 〜するやいなや
☐ **selbst**	勖 自分で	☐ Socke	囡 ソックス
☐ selbstfahrend 彫 自動運転の	☐ **Sofa**	囲 ソファー
☐ **selbstständig** 彫 自立した	☐ sofort	勖 すぐに
☐ selbstverständlich 勖 当然	☐ sogar	勖 〜でさえ
☐ **selten**	彫 まれな	☐ **Sohn**	勇 息子
☐ seltsam	彫 奇妙な	☐ solange	援 〜であるかぎり
☐ Semester	囲 (大学の)学期	☐ solch	伐 そのような
☐ Seminar	囲 (大学の)ゼミ	☐ Soldat	勇 兵士
☐ senden	勔 送る	☐ **sollen**	勋 〜すべきである
☐ Sendung	囡 放送	☐ **Sommer**	勇 夏
☐ Senf	勇 からし	☐ Sommerferien 復 夏休み
☐ **September** 勇 9月	☐ **sondern**	援 そうではなくて
☐ Service	勇・囲 サ ー ビ ス,	☐ Sonnabend	勇 土曜日
	接客	☐ **Sonne**	囡 太陽
☐ **Sessel**	勇 安楽いす	☐ sonnig	彫 よく晴れた
☐ **setzen**	勔 置く	☐ **Sonntag**	勇 日曜日
☐ **sich**	伐 自分を(に)	☐ sonst	勖 そのほかに；
☐ **sicher**	彫 確かな：安全な		さもないと
☐ Sicherheit	囡 確実さ；安全	☐ Sorge	囡 心配
☐ **sie**	伐 彼女は(を)；	☐ **sorgen**	勔 世話をする
	彼らは(を)	☐ Soße	囡 ソース
☐ **Sie**	伐 あなた[がた]は(を)	☐ sozial	彫 社会の
☐ **sieben**	囵 (基数)7	☐ Spag[h]etti 復 スパゲッティ
☐ siebt	囵 (序数)第7の	☐ Spanien	囲 スペイン
☐ **siebzehn**	囵 (基数)17	☐ Spanier	勇 スペイン人
☐ **siebzig**	囵 (基数)70	☐ spanisch	彫 スペインの
☐ Siedlung	囡 住宅地	☐ Spanisch	囲 スペイン語
☐ siegen	勔 勝つ	☐ **sparen**	勔 節約(貯金)する
☐ Silber	囲 銀	☐ **Spaß**	勇 楽しみ；冗談
☐ Silvester	囲・勇 大みそか	☐ **spät**	彫 (時刻が)遅い

☐ **später**	副 あとで	☐ Steuer	女 税金
☐ **spazieren gehen**	動 散歩する	☐ **still**	形 静かな
☐ Spaziergang	男 散歩	☐ Stimme	女 声
☐ speichern	動 貯蔵する；(データを)保存する	☐ stimmen	動 (計算などが)合っている
☐ **Speisekarte**	女 メニュー	☐ Stirn	女 ひたい(額)
☐ sperren	動 遮断する	☐ Stock	男 つえ；(2階以上の)階
☐ Spiegel	男 鏡		
☐ **Spiel**	中 遊び；ゲーム	☐ Stockwerk	中 (2階以上の)階
☐ **spielen**	動 遊ぶ	☐ Stoff	男 布地；物質
☐ spitz	形 先のとがった	☐ stolz	形 誇りを持った
☐ **Sport**	男 スポーツ	☐ **stören**	動 邪魔をする
☐ **Sprache**	女 言語	☐ stoßen	動 突く
☐ **sprechen**	動 話す	☐ Strand	男 浜辺
☐ Sprechstunde	女 診察(面会)時間	☐ **Straße**	女 道路, 通り
☐ springen	動 跳ぶ	☐ **Straßenbahn**	女 市電
☐ spülen	動 すすぐ	☐ Strecke	女 区間
☐ Staat	女 国家	☐ Streichholz	中 マッチ
☐ Staatsangehörigkeit	女 国籍	☐ streiten	動 争う
☐ Stadion	中 競技場	☐ streng	形 厳しい
☐ **Stadt**	女 町, 都会	☐ Strom	男 大河；電流
☐ Stadtplan	男 市街地図	☐ Strumpf	男 ストッキング
☐ **stark**	形 強い	☐ **Stück**	中 ～個；断片
☐ statt	前 ～の代わりに	☐ **Student**	男 大学生
☐ **statt|finden**	動 催される	☐ **Studentin**	女 女子大学生
☐ Steckdose	女 コンセント	☐ **studieren**	動 大学で学ぶ
☐ stecken	動 突っ込む	☐ Studium	中 (大学での)勉学
☐ Stecker	男 プラグ	☐ **Stuhl**	男 いす
☐ **stehen**	動 立っている；～の状態にある	☐ **Stunde**	女 時間
		☐ Sturm	男 あらし
☐ stehlen	動 盗む	☐ stürzen	動 転倒する
☐ steigen	動 登る	☐ **suchen**	動 探す
☐ Stein	男 石	☐ **Süden**	男 南
☐ **Stelle**	女 箇所, 場所；地位	☐ südlich	形 南の
☐ **stellen**	動 (立てて)置く	☐ Summe	女 金額, 合計
☐ Stempel	男 スタンプ	☐ super	形 すばらしい
☐ **sterben**	動 死ぬ	☐ Supermarkt	男 スーパーマーケット
☐ Stern	男 星		

☐ **Suppe**	囡 スープ	☐ Telegramm	囲 電報
☐ **süß**	囲 甘い	☐ **Teller**	團 皿
☐ sympatisch	囲 好感の持てる	☐ Temperatur	囡 温度
☐ Szene	囡 場面, シーン	☐ Tennis	囲 テニス
		☐ Teppich	團 じゅうたん
T		☐ **Termin**	團 期日, 期限
		☐ Terrasse	囡 テラス
☐ Tablett	囲 盆, トレー	☐ **Test**	團 テスト, 検査
☐ Tablette	囡 錠剤	☐ testen	働 テストする
☐ Tafel	囡 板, 黒板	☐ **teuer**	囲 (値段が)高い
☐ **Tag**	團 日；昼間	☐ **Text**	團 テキスト, 原文
☐ täglich	囲 毎日の	☐ **Theater**	囲 劇場
☐ Tal	囲 谷	☐ Thema	囲 主題
☐ **tanken**	働 給油する	☐ Theorie	囡 理論
☐ Tankstelle	囡 ガソリンスタンド	☐ **Ticket**	囲 チケット
☐ **Tante**	囡 おば	☐ **tief**	囲 深い
☐ Tanz	團 ダンス	☐ **Tier**	囲 動物
☐ **tanzen**	働 踊る	☐ Tinte	囡 インク
☐ **Tasche**	囡 ポケット；バッグ	☐ Tipp	團 ヒント；急所
☐ Taschentuch	囲 ハンカチ	☐ **Tisch**	團 机；食卓
☐ **Tasse**	囡 茶わん, カップ	☐ Titel	團 表題
☐ Tatsache	囡 事実	☐ **Tochter**	囡 娘
☐ Taube	囡 はと(鳩)	☐ Tod	團 死
☐ tauschen	働 交換する	☐ **Toilette**	囡 トイレ；洗面所
☐ **tausend**	助 (基数)1,000	☐ toll	囲 すてきな
☐ **Taxi**	囲 タクシー	☐ **Tomate**	囡 トマト
☐ Technik	囡 科学技術	☐ Topf	團 深鍋；鉢
☐ Techniker	團 技術者	☐ Tor	囲 門；ゴール
☐ technisch	囲 科学技術の	☐ **tot**	囲 死んだ
☐ **Tee**	團 お茶, ティー	☐ töten	働 殺す
☐ **Teil**	團 部分	☐ **Tourist**	團 ツーリスト
☐ **teilen**	働 分ける	☐ **tragen**	働 運ぶ
☐ teil|nehmen	働 参加する	☐ Träne	囡 涙
☐ **Telefon**	囲 電話	☐ Traum	團 夢
☐ Telefonbuch	囲 電話帳	☐ träumen	働 夢[を]見る
☐ **telefonieren**	働 電話する	☐ traurig	囲 悲しい
☐ Telefonnummer	囡 電話番号	☐ **treffen**	働 会う
☐ Telefonzelle	囡 電話ボックス	☐ treiben	働 追い立てる；

〜をする

☑ trennen （動）引き離す
☑ **Treppe** （女）階段
☑ treten （動）〜へ歩む；踏む
☑ treu （形）忠実な
☑ **trinken** （動）飲む
☑ Trinkgeld （中）チップ
☑ **trocken** （形）乾燥した
☑ Tropfen （男）しずく
☑ trotz （前）〜にもかかわらず
☑ **trotzdem** （副）それにもかかわらず

☑ **tschüs** （間）バイバイ！
☑ Tuch （中）布
☑ Tulpe （女）チューリップ
☑ **tun** （動）する
☑ **Tür** （女）ドア
☑ **Turm** （男）塔
☑ turnen （動）体操をする
☑ Tüte （女）紙(ビニール)袋
☑ twittern （動）ツイートする
☑ typisch （形）典型的な

U

☑ **U-Bahn** （女）地下鉄
☑ **üben** （動）練習する
☑ **über** （前）〜の上方に；〜について
☑ **überall** （副）いたるところに
☑ **überhaupt** （副）概して；全然
☑ überlegen （動）よく考える
☑ übermorgen（副）あさって
☑ übernachten （動）泊まる
☑ überqueren （動）横断する
☑ überraschen （動）驚かせる
☑ übersetzen （動）翻訳する
☑ Übersetzung （女）翻訳

☑ übertragen （動）中継放送する
☑ Überweisung （女）振替, 口座振込
☑ übrig （形）残りの
☑ **übrigens** （副）ところで
☑ **Übung** （女）練習[問題]
☑ Ufer （中）岸
☑ **Uhr** （女）時計；〜時
☑ **um** （前）〜の周りに；〜時に
☑ um|kehren （動）引き返す
☑ umsonst （副）無料で
☑ **um|steigen** （動）乗り換える
☑ Umweg （男）回り道
☑ Umwelt （女）環境
☑ **um|ziehen** （動）引っ越す
☑ unbedingt （副）絶対に
☑ **und** （接）そして
☑ **Unfall** （男）事故
☑ **ungefähr** （副）およそ
☑ Unglück （中）(大きな)事故
☑ Uni(=Universität) （女）大学
☑ **Universität** （女）大学
☑ unmöglich （形）不可能な
☑ **uns** （代）私たちに(を)
☑ **unser** （代）私たちの
☑ Unsinn （男）ナンセンス
☑ **unten** （副）下に
☑ **unter** （前）〜の下に
☑ unterbrechen （動）中断する
☑ unterhalten （再）歓談する
☑ Unterkunft （女）宿, 宿泊所
☑ unternehmen （動）企てる, する
☑ **Unterricht** （男）授業
☑ Unterschied（男）相違[点]
☑ **unterschreiben** （動）署名する
☑ **Unterschrift** （女）署名
☑ untersuchen （動）調べる；診察する

181

☐ Untersuchung ㊛ 調査；診察
☐ unterwegs ㊐ 途中で
☐ **Urlaub** ㊚ （勤労者の）休暇
☐ usw.(=und so weiter)
　　　　　((略)) 〜など，等々

V

☐ **Vase** ㊛ 花びん
☐ **Vater** ㊚ 父親
☐ Verband ㊚ 包帯
☐ verbieten ㊌ 禁じる
☐ **verboten** ㊏ 禁じられた
☐ **verdienen** ㊌ 稼ぐ
☐ **Verein** ㊚ 協会；クラブ
☐ vereinbaren ㊌ 取り決める
☐ Vergangenheit ㊛ 過去
☐ **vergessen** ㊌ 忘れる
☐ vergleichen ㊌ 比較する
☐ Vergnügen ㊥ 楽しみ
☐ **verheiratet** ㊏ 結婚している
☐ **verkaufen** ㊌ 売る
☐ **Verkäufer** ㊚ 店員
☐ **Verkäuferin** ㊛ 女店員
☐ **Verkehr** ㊚ 交通
☐ verlangen ㊌ 要求する
☐ **verlassen** ㊌ 立ち去る
☐ verletzen ㊌ 傷つける
☐ Verletzte[r] ㊚・㊛ 負傷者
☐ **verlieren** ㊌ 失う
☐ vermeiden ㊌ 避ける
☐ **vermieten** ㊌ 賃貸しする
☐ **Vermieter** ㊚ 貸し主；家主
☐ verpassen ㊌ 逃す；乗り遅れる
☐ versäumen ㊌ 逃がす，逸する
☐ verschieben ㊌ ずらす；延期する
☐ verschieden ㊏ 異なった
☐ Versicherung ㊛ 保証；保険

☐ verspäten ㊐ 遅れる
☐ Verspätung ㊛ 遅れ；遅刻
☐ versprechen ㊌ 約束する
☐ **verstehen** ㊌ 理解する
☐ **versuchen** ㊌ 試みる
☐ Vertrag ㊚ 契約[書]
☐ vertrauen ㊌ 信頼する
☐ verwandt ㊏ 親戚の
☐ Verwandte[r] ㊚・㊛ 親類
☐ **verzeihen** ㊌ 許す
☐ Verzeihung ㊛ 許し
☐ Vetter ㊚ （男の）いとこ
☐ Video ㊥ ビデオ[テープ]
☐ **viel** ㊏ 多くの
☐ **vielleicht** ㊐ ひょっとしたら
☐ **vier** ㊜ （基数）4
☐ **viert** ㊜ （序数）第4の
☐ **Viertel** ㊥ 4分の1；15分
☐ **vierzehn** ㊜ （基数）14
☐ **vierzig** ㊜ （基数）40
☐ Visum ㊥ ビザ
☐ **Vogel** ㊚ 鳥
☐ Volk ㊥ 民族；民衆
☐ **voll** ㊏ いっぱいの
☐ völlig ㊏ まったくの
☐ **von** ㊝ 〜から；〜の；
　　　　　　　〜によって
☐ **vor** ㊝ 〜の前に；
　　　　　　　〜のあまり
☐ vorbei ㊐ 通り過ぎて
☐ vor|bereiten ㊌ 準備をする
☐ vorgestern ㊐ おととい
☐ vor|haben ㊌ 計画している
☐ Vorhang ㊚ （厚地の）カーテン
☐ **vorher** ㊐ 前もって
☐ vorhin ㊐ たった今
☐ vor|kommen ㊌ 起こる
☐ Vorlesung ㊛ 講義

☐ **Vormittag** 男 午前
☐ vormittags 副 午前に
☐ **vorn[e]** 副 前方に
☐ **Vorname** 男 (姓に対して)名
☐ Vorschlag 男 提案
☐ vor|schlagen 動 提案する
☐ **Vorsicht** 女 用心
☐ vorsichtig 形 用心深い
☐ **vor|stellen** 動 紹介する
☐ Vorstellung 女 紹介；上演
☐ Vorteil 男 利点, メリット
☐ vorwärts 副 前へ

W

☐ wach 形 目覚めている
☐ wachsen 動 成長する
☐ **Wagen** 男 自動車
☐ Wahl 女 選択；選挙
☐ wählen 動 選ぶ
☐ **wahr** 形 真実の
☐ **während** 前 ～の間；
接 ～している間
☐ **wahrscheinlich** 副 たぶん
☐ Währung 女 通貨
☐ **Wald** 男 森
☐ **Wand** 女 壁
☐ **wandern** 動 ハイキングする
☐ **wann** 副 いつ
☐ Ware 女 商品
☐ **warm** 形 暖かい
☐ **warten** 動 待つ
☐ **warum** 副 なぜ
☐ **was** 代 何
☐ Wäsche 女 洗濯物
☐ **waschen** 動 洗う
☐ Waschmaschine 女 洗濯機
☐ **was für ein** ～ 代 どんな～

☐ **Wasser** 中 水
☐ wechseln 動 取り替える
☐ wecken 動 (人を)起こす
☐ Wecker 男 目覚まし時計
☐ weder A noch B
接 AでもBでもない
☐ weg 副 離れて
☐ **Weg** 男 道
☐ **wegen** 前 ～の理由で
☐ weg|gehen 動 立ち去る
☐ weh|tun 動 痛い, 痛む
☐ **weiblich** 形 女性の；雌の
☐ weich 形 柔らかい
☐ Weihnachten 中 クリスマス
☐ weil 接 ～であるから
☐ **Wein** 男 ワイン
☐ **weinen** 動 泣く
☐ **weiß** 形 白い
☐ **weit** 形 遠い
☐ **weiter** 副 さらに先へ
☐ **welch** 代 どの
☐ Welle 女 波
☐ **Welt** 女 世界
☐ **wem** 代 だれに
☐ **wen** 代 だれを
☐ wenden 動 裏返す
☐ **wenig** 形 少しの
☐ wenigstens 副 少なくとも
☐ **wenn** 接 もし～ならば；
～するときは[いつでも]
☐ **wer** 代 だれが
☐ **werden** 動 ～になる；
助 ～だろう；～られ
る
☐ werfen 動 投げる
☐ Werkstatt 女 作業場
☐ Werkzeug 中 道具
☐ wertvoll 形 高価な

☑ wessen	代	だれの
☑ Westen	男	西
☑ westlich	形	西の
☑ Wetter	中	天気
☑ wichtig	形	重要な
☑ wie	副	どのように；どのくらい
☑ wieder	副	再び
☑ wiederholen	動	繰り返す
☑ Wiedersehen	中	再会
☑ wiegen	動	～の重さがある
☑ Wiese	女	牧草地
☑ wie viel ～	副	どれだけの～
☑ wievielt	形	何番目の
☑ willkommen	形	歓迎される
☑ Wind	男	風
☑ windig	形	風の強い
☑ winken	動	合図する
☑ Winter	男	冬
☑ wir	代	私たちは
☑ wirklich	副	本当に
☑ Wirt	男	(店などの)主人
☑ Wirtschaft	女	経済
☑ wissen	動	(事実を)知っている
☑ Witz	男	ジョーク；機知
☑ wo	副	どこに
☑ Woche	女	週
☑ Wochenende	中	週末
☑ Wochentag	男	平日；曜日
☑ woher	副	どこから
☑ wohin	副	どこへ
☑ wohl	副	元気で；恐らく
☑ wohnen	動	住んでいる
☑ Wohnung	女	住まい
☑ Wohnzimmer	中	居間
☑ Wolke	女	雲
☑ Wolle	女	羊毛

☑ wollen	助	～するつもりだ
☑ womit	副	何を用いて
☑ Wort	中	単語；言葉
☑ Wörterbuch	中	辞書
☑ wozu	副	何のために
☑ wunderbar	形	すばらしい
☑ wundern	再	驚く
☑ Wunsch	男	願い
☑ wünschen	動	願う
☑ Wurst	女	ソーセージ

Z

☑ Zahl	女	数
☑ zahlen	動	支払う
☑ zählen	動	数える
☑ Zahn	男	歯
☑ Zahnarzt	男	歯科医
☑ Zahnschmerzen	複	歯痛
☑ z.B.(=zum Beispiel)	(略)	たとえば
☑ zehn	数	(基数) 10
☑ zehnt	数	(序数)第10の
☑ Zeichen	中	合図；兆候
☑ zeichnen	動	描く
☑ zeigen	動	見せる；示す
☑ Zeit	女	時；暇
☑ Zeitschrift	女	雑誌
☑ Zeitung	女	新聞
☑ Zelt	中	テント
☑ Zentimeter	男・中	センチメートル
☑ zentral	形	中心の
☑ Zentrum	中	中心[地]
☑ zerstören	動	破壊する
☑ Zettel	男	紙片
☑ Zeugnis	中	証明書
☑ Ziege	女	やぎ(山羊)

184

☐ **ziehen**	動 引く；移動する	☐ zuletzt	副 最後に
☐ Ziel	中 目標；ゴール	☐ **zu|machen**	動 閉める
☐ **ziemlich**	副 かなり	☐ Zunge	女 舌
☐ Zigarre	女 葉巻［たばこ］	☐ **zurück**	副 後へ；戻って
☐ **Zigarette**	女 たばこ	☐ zurück|kommen	動 帰って来る
☐ **Zimmer**	中 部屋	☐ **zusammen**	副 いっしょに
☐ Zitrone	女 レモン	☐ Zuschauer	男 見物人；視聴者
☐ Zoll	男 関税；税関	☐ **zwanzig**	数 (基数) 20
☐ Zone	女 地帯, 地域	☐ **zwanzigst**	数 (序数) 第20の
☐ Zoo	男 動物園	☐ zwar	副 なるほど［～だが］
☐ **zu**	前 ～へ；～の所に；	☐ Zweck	男 目的, ねらい
	副 あまりにも	☐ **zwei**	数 (基数) 2
☐ **Zucker**	男 砂糖	☐ Zweifel	男 疑い
☐ zuerst	副 最初に	☐ zweifeln	動 疑う
☐ Zufall	男 偶然	☐ Zweig	男 枝, 小枝
☐ zufällig	形 偶然の	☐ **zweit**	数 (序数) 第2の
☐ **zufrieden**	形 満足した	☐ Zwiebel	女 たまねぎ
☐ **Zug**	男 列車；行列	☐ **zwischen**	前 ～の間に
☐ zu|hören	動 耳を傾ける	☐ **zwölf**	数 (基数) 12
☐ Zuhörer	男 聴衆；聴取者	☐ **zwölft**	数 (序数) 第12の
☐ Zukunft	女 未来, 将来		

練習問題の解答

第2章　発音と文法

| 12ページ | 1 | (1) 4 | (2) 2 | (3) 3 | (4) 1 | (5) 2 | | |
| | | (6) 2 | (7) 2 | (8) 2 | (9) 1 | (10) 2 | | |

15ページ	2	(1) 3	(2) 2	(3) 3	(4) 3	(5) 3		
		(6) 3	(7) 4	(8) 4	(9) 4	(10) 3		
		(11) 4	(12) 4	(13) 3	(14) 2			

| 19ページ | 3 | 〈問い1〉 | (1) 9 | (2) 5 | (3) 10 | (4) 6 | (5) 3 |
| | | 〈問い2〉 | (1) 5 | (2) 9 | (3) 8 | (4) 2 | (5) 3 |

23ページ	4	1	(1) 2	(2) 2	(3) 1	(4) 3	(5) 2	(6) 3
			(7) 2	(8) 3	(9) 4	(10) 1	(11) 3	(12) 2
		2	(1) 3	(2) 2	(3) 3	(4) 3	(5) 2	

28ページ	5	1	(1) 3	(2) 2	(3) 4	(4) 2	(5) 2
			(6) 3	(7) 2	(8) 1	(9) 4	
		2	(1) 3	(2) 5	(3) 6	(4) 1	(5) 4
		3	(1) 2	(2) 1	(3) 4	(4) 2	(5) 2

32ページ	6	1	(1) 1	(2) 1	(3) 2	(4) 2	(5) 3	
			(6) 2	(7) 3	(8) 3			
		2	(1) 3	(2) 2	(3) 1	(4) 3	(5) 2	(6) 1

36ページ	7	〈問い1〉	(1) 4	(2) 2	(3) 3	(4) 5	
		〈問い2〉	(1) 4	(2) 3	(3) 6	(4) 2	
		〈問い3〉	(1) 1	(2) 5	(3) 6	(4) 4	(5) 3

40ページ	8	(1) 3	(2) 3	(3) 1	(4) 4	(5) 2
		(6) 3	(7) 1	(8) 3	(9) 2	(10) 4
		(11) 1	(12) 4	(13) 2	(14) 3	

44ページ ⑨ **1** (1) 4　(2) 6　(3) 8　(4) 1　(5) 2

(6) 3　(7) 5　(8) 7

2 〈問い1〉(1) 5　(2) 8　(3) 7　(4) 4

(5) 10　(6) 13　(7) 12　(8) 11

(9) 16　(10) 59　(11) 32　(12) 71

(13) 67　(14) 95　(15) 200　(16) 683

(17) 4900　(18) 3751

〈問い2〉(1) vier　(2) eins　(3) sechs　(4) zehn

(5) fünf　(6) elf　(7) neunzehn

(8) sechzehn　(9) zwölf　(10) siebzehn

(11) vierundzwanzig　(12) achtunddreißig

(13) fünfundsiebzig　(14) einundneunzig

(15) fünfhundert

(16) viertausendsechshundertzweiunddreißig

(17) neunzehnhundertfünfundvierzig

(18) neunzehnhundertvierundneunzig

(19) zweitausendvier

(20) zweitausenddreiundzwanzig

〈問い3〉(1) 7時　(2) 11時すぎ10分　(3) 10時まえ15分

(4) 8時半　(5) 11時半　(6) 8時10分

(7) 6時35分　(8) 14時

49ページ ⑩ **1** (1) 1　(2) 4　(3) 1　(4) 3　(5) 3　(6) 1

(7) 2　(8) 2　(9) 3　(10) 3　(11) 1　(12) 1

2 (1) 3　(2) 2　(3) 1　(4) 4　(5) 3　(6) 3

(7) 1　(8) 2　(9) 2

第3章　会話文と読解文

58ページ ① **1** (1) 3　(2) 3　(3) 4　(4) 1

2 (1) 2　(2) 3　(3) 1　(4) 2

65ページ ② **1** 　3, 4, 6, 8, 9

2 　2, 3, 5, 7, 9

187

第4章　聞き取り
音声データ吹き込み問題文

72ページ **例題1**

第1部

問題(1)：　1　Wie spät ist es？　　今何時ですか？

　　　　　　　　　—Ja, es ist schon spät.

　　　　　　2　Wie spät ist es？

　　　　　　　　　—Also, auf Wiedersehen！

　　　　　　3　Wie spät ist es？

　　　　　　　　　—Es ist halb sieben.

　　　　　　4　Wie spät ist es？

　　　　　　　　　—Gut, gehen wir ins Kino！　　　　　　　　解答3

問題(2)：　1　Kann ich Ihnen helfen？　　お手伝いしましょうか？

　　　　　　　　　—Keine Ursache！

　　　　　　2　Kann ich Ihnen helfen？

　　　　　　　　　—Das ist sehr nett von Ihnen.

　　　　　　3　Kann ich Ihnen helfen？

　　　　　　　　　—Es tut mir leid.

　　　　　　4　Kann ich Ihnen helfen？

　　　　　　　　　—Entschuldigen Sie bitte！　　　　　　　　解答2

問題(3)：　1　Wann fährst du ab？　　何時に出発するの？

　　　　　　　　　—Mit dem Zug.

　　　　　　2　Wann fährst du ab？

　　　　　　　　　—Nach Köln.

　　　　　　3　Wann fährst du ab？

　　　　　　　　　—Morgen früh.

　　　　　　4　Wann fährst du ab？

　　　　　　　　　—Ja, gern.　　　　　　　　　　　　　　解答3

問題(4)：　1　Wollen wir ins Kino gehen？　　映画に行きませんか？

　　　　　　　　　—Nein, ich möchte gern nach Hause gehen.

　　　　　　2　Wollen wir ins Kino gehen？

　　　　　　　　　—Ja, das Kino ist jetzt geschlossen.

　　　　　　3　Wollen wir ins Kino gehen？

—Doch, ich möchte ins Kino gehen.

    4   Wollen wir ins Kino gehen?

      —Danke, es geht mir gut.   解答 1

問題(5)：1   Es ist schon 12 Uhr. Gehen wir in die Mensa!

      もう12時だ．学食へ行こうよ．

      —Nein, danke.

    2   Es ist schon 12 Uhr. Gehen wir in die Mensa!

      —Ja, gern.

    3   Es ist schon 12 Uhr. Gehen wir in die Mensa!

      —Vielen Dank.

    4   Es ist schon 12 Uhr. Gehen wir in die Mensa!

      —Gute Reise!   解答 2

第2部（[ ]）内が解答)

Heute Nachmittag fährt Herr Schmidt nach Berlin. Auf dem Bahnhof liest er zuerst den Fahrplan. Sein Zug fährt um 14 Uhr ab. Von Bremen bis Berlin dauert es etwa 3 Stunden. Die Fahrt ist sehr interessant für ihn.

（訳：シュミット氏はきょうの午後ベルリンへ行きます．駅でまず時刻表をよく見ます．彼の乗る列車は14時発です．ブレーメンからベルリンまでは約3時間です．その列車の旅は彼にとってとても興味深いです．）

問題(6)：Wohin fährt Herr Schmidt heute Nachmittag?

      —Nach [Berlin].

問題(7)：Was liest Herr Schmidt zuerst auf dem Bahnhof?

      —Zuerst liest er den [Fahrplan].

問題(8)：Wie lange dauert die Fahrt von Bremen bis Berlin?

      —Etwa [3] Stunden.

第3部

問題(9)：Haben Sie noch Zimmer frei?

      —Mit Bad oder mit Dusche?   解答 4

問題(10)：Können Sie mir bitte sagen, wo das Rathhaus ist?

      —Gehen Sie immer geradeaus!   解答 2

問題(11)：Haben Sie etwas zu verzollen?

      —Nein, nichts.   解答 6

問題(12)：Wo fährt der Zug nach Würzburg ab?

－Gleis 12.　　　　　　　　　　　　　　　　　　　　　　　解答 3

75ページ　**例題 2**

第 1 部

問題(1)：1　Woher kommst du?　　君はどちらの出身ですか？

　　　　　　－Ich komme auch mit.

　　　　2　Woher kommst du?

　　　　　　－Aus München.

　　　　3　Woher kommst du?

　　　　　　－Ich fahre nach München.

　　　　4　Woher kommst du?

　　　　　　－Von München.　　　　　　　　　　　　　　　　解答 2

問題(2)：1　Spricht er kein Deutsch?

　　　　　　彼はドイツ語を話せないのですか？

　　　　　　－Ja, er spricht kein Deutsch.

　　　　2　Spricht er kein Deutsch?

　　　　　　－Nein, er spricht gut Deutsch.

　　　　3　Spricht er kein Deutsch?

　　　　　　－Doch, er spricht gut Deutsch.

　　　　4　Spricht er kein Deutsch?

　　　　　　－Er spricht auch Englisch.　　　　　　　　　　　解答 3

問題(3)：1　Wo spielen die Kinder?　　子供たちはどこで遊んでいますか？

　　　　　　－Im Wohnzimmer.

　　　　2　Wo spielen die Kinder?

　　　　　　－Ins Wohnzimmer.

　　　　3　Wo spielen die Kinder?

　　　　　　－Mit dem Spielzeug.

　　　　4　Wo spielen die Kinder?

　　　　　　－Mit meinen Kindern.　　　　　　　　　　　　　解答 1

問題(4)：1　Kann ich diese Bluse mal anprobieren?

　　　　　　このブラウスをちょっと試着してもよろしいですか？

　　　　　　－Ja, gern. Ich möchte das nehmen.

2　Kann ich diese Bluse mal anprobieren ?

　　　　　—Ja, gern. Dort ist die Kabine.

　　　3　Kann ich diese Bluse mal anprobieren ?

　　　　　—Ja. Das schmeckt mir sehr gut.

　　　4　Kann ich diese Bluse mal anprobieren ?

　　　　　—Ja. Die Bluse passt Ihnen gut.　　　　　　　解答 2

問題(5)：1　Womit fahren wir dorthin ?

　　　　　私たちは何に乗ってそこへ行きますか？

　　　　　—Mit meinem Auto.

　　　2　Womit fahren wir dorthin ?

　　　　　—Mit meinen Eltern.

　　　3　Womit fahren wir dorthin ?

　　　　　—Morgen Nachmittag.

　　　4　Womit fahren wir dorthin ?

　　　　　—Ins Ausland.　　　　　　　　　　　　　　解答 1

第 2 部（[　]）内が解答)

Familie Schneider isst um 7 Uhr zu Abend. Zum Abendessen gibt es
Brot mit Wurst und Käse. Der Vater und die Mutter trinken eine Tasse
Kaffee. Die kleine Tochter Gabi trinkt aber ein Glas Apfelsaft.

（訳：シュナイダー一家は7時に夕食を食べます．夕食にはソーセージとチーズを
　　　添えてパンが出されます．父親と母親はコーヒーを飲みます．しかし，幼い娘
　　　のガービはりんごジュースを飲みます．)

問題(6)：Wann isst Familie Schneider zu Abend ?

　　　　　—Um [7] Uhr.

問題(7)：Was gibt es zum Abendessen ?

　　　　　—Brot mit [Wurst] und Käse.

問題(8)：Trinkt Gabi auch Kaffee ?

　　　　　—Nein, sie trinkt ein Glas [Apfelsaft].

第 3 部

問題(9)：Monika sagt: Wo fährt der Zug nach München ab ?　　　解答 5

問題(10)：Inge sagt: Ich suche ein Kleid in Grün. Größe 42.　　　解答 1

問題(11)：Klaudia sagt: Die Speisekarte bitte !　　　　　　　　解答 6

問題(12)：Karin sagt: Wie viel kostet ein Brief nach Japan ?　　　解答 4

〈3級対策編〉

第2章　発音と文法

85ページ ① **1** (1) 4　　(2) 2　　(3) 2　　(4) 4　　(5) 1　　(6) 3
　　　　　　　(7) 3

　　　　　2 (1) 3　(2) 2　　(3) 4　　(4) 3　　(5) 2　　(6) 1

88ページ ② (1) 3　　(2) 4　　(3) 1　　(4) 2　　(5) 2　　(6) 3
　　　　　(7) 1　　(8) 4　　(9) 4　　(10) 2　　(11) 3　　(12) 3
　　　　　(13) 3　　(14) 1

95ページ ③ (1) 3　　(2) 1　　(3) 2　　(4) 4　　(5) 3　　(6) 3
　　　　　(7) 1　　(8) 3　　(9) 2　　(10) 2　　(11) 3　　(12) 2

99ページ ④ 〈問い1〉(1) 4　　(2) 1　　(3) 6　　(4) 3　　(5) 2
　　　　　〈問い2〉(1) 4　　(2) 2　　(3) 7　　(4) 3　　(5) 5

104ページ ⑤ (1) 1　　(2) 2　　(3) 2　　(4) 4　　(5) 1
　　　　　(6) 2　　(7) 2　　(8) 3　　(9) 4　　(10) 2

108ページ ⑥ **1** (1) 2　　(2) 3　　(3) 3　　(4) 4　　(5) 2
　　　　　　　(6) 1　　(7) 4

　　　　　2 〈注〉( )内が解答　(1) 2,4,(5),3,1　(2) 3,2,(1),5,4
　　　　　　　(3) 5,4,2,(3),1　　(4) 4,1,(5),3,2　(5) 4,2,5,(1),3
　　　　　　　(6) 2,5,(3),1,4　　(7) 4,1,3,5,(2)　(8) 1,4,5,2,(3)

112ページ ⑦ **1** (1) 3　　(2) 4　　(3) 2　　(4) 4　　(5) 3　　(6) 3
　　　　　　　(7) 1　　(8) 3

　　　　　2 〈注〉( )内が解答 (1) (3),5,2,1,4　(2) 3,5,1,4,(2)　(3) 5,(1),4,2,3
　　　　　　　(4) 5,3,1,4,(2)　(5) 4,5,(3),2,1　(6) 3,1,2,5,(4)　(7) 3,2,(1),5,4

116ページ ⑧ **1** 〈注〉( )内が解答 (1) 4,1,(3),5,2　(2) 2,5,1,4,(3)　(3) 3,5,1,(4),2
　　　　　　　(4) (5),2,3,1,4　(5) 5,3,(1),4,2

　　　　　2 (1) 3　　(2) 4　　(3) 3　　(4) 1　　(5) 4　　(6) 2

122ページ ⑨ (1) 3　　(2) 1　　(3) 2　　(4) 1　　(5) 3
　　　　　(6) 2　　(7) 3　　(8) 4

127ページ ⑩ (1) 2　　(2) 1　　(3) 4　　(4) 3　　(5) 2
　　　　　(6) 1　　(7) 2　　(8) 3

第3章　会話文と解読文

134ページ □1 1 順に 7，5，6，1，3，2
　　　2 (1) 3　　(2) 2　　(3) 1　　(4) 4
　　　3 順に 2，5，8，3，6
139ページ □2 1 2，3，5，7，8
　　　2 1，4，7，8
　　　3 2，4，8，9

第4章　聞き取り

音声データ吹き込み問題文

150ページ **例題1**

第1部

問題(1)：　（友達同士の会話）

　　1　Wie gefällt es dir in dieser Stadt ?　この町は気に入った？
　　　　―Sehr gern.
　　2　Wie gefällt es dir in dieser Stadt ?
　　　　―Sehr gut.
　　3　Wie gefällt es dir in dieser Stadt ?
　　　　―Bitte sehr !
　　4　Wie gefällt es dir in dieser Stadt ?
　　　　―Danke sehr !　　　　　　　　　　　　　　解答 2

問題(2)：　（友達同士の会話）

　　1　Mit wem geht Thomas ins Kino ?
　　　　トーマスは誰と映画に行くの？
　　　　―Mit dem Bleistift.
　　2　Mit wem geht Thomas ins Kino ?
　　　　―Mit lauter Stimme.
　　3　Mit wem geht Thomas ins Kino ?
　　　　―Mit seiner Freundin.
　　4　Mit wem geht Thomas ins Kino ?
　　　　―Mit seinem Auto.　　　　　　　　　　　　解答 3

問題(3)： （駅の案内所で）

    1 Wann fährt der nächste Zug nach Köln ab？

       ケルン行きの次の列車は何時に出ますか？

       —Der nächste fährt um 11:10 Uhr ab.

    2 Wann fährt der nächste Zug nach Köln ab？

       —Ankunft in Köln 13:25 Uhr.

    3 Wann fährt der nächste Zug nach Köln ab？

       —Sie müssen in Frankfurt umsteigen.

    4 Wann fährt der nächste Zug nach Köln ab？

       —Sie brauchen dann Ihre Platzkarte.   解答 1

問題(4)： （駅のホームで）

    1 Von welchem Gleis fährt der Zug nach Köln ab？

       ケルン行きの列車は何番線から発車しますか？

       —Der Zug fährt um 14:00 Uhr ab.

    2 Von welchem Gleis fährt der Zug nach Köln ab？

       —Auf diesem Gleis kommt der Zug aus Köln an.

    3 Von welchem Gleis fährt der Zug nach Köln ab？

       —Gleis vier.

    4 Von welchem Gleis fährt der Zug nach Köln ab？

       —Einmal Köln, bitte.   解答 3

問題(5)： （路上で）

    1 Entschuldigen Sie bitte. Wo ist hier in der Nähe eine Bank？

       すみません．この近くにはどこに銀行がありますか？

       —Geben Sie mir bitte etwas Kleingeld.

    2 Entschuldigen Sie bitte. Wo ist hier in der Nähe eine Bank？

       —In der Bank können Sie Yen in Euro umtauschen.

    3 Entschuldigen Sie bitte. Wo ist hier in der Nähe eine Bank？

       —Tut mir leid. Ich bin nicht von hier.

    4 Entschuldigen Sie bitte. Wo ist hier in der Nähe eine Bank？

       —Ihre Telefonnummer, bitte！   解答 3

問題(6)： （お店で）

    1 Das ist mir ein bisschen zu teuer. Haben Sie noch etwas Billigeres？

それは私には少し高すぎます．もう少し安いものはありませんか？

　　　―Ja, genau.

　2　Das ist mir ein bisschen zu teuer. Haben Sie noch etwas
　　Billigeres？

　　　―Leider nein.

　3　Das ist mir ein bisschen zu teuer. Haben Sie noch etwas
　　Billigeres？

　　　―Gute Idee.

　4　Das ist mir ein bisschen zu teuer. Haben Sie noch etwas
　　Billigeres？

　　　―Das macht nichts. 　　　　　　　　　　　　　　　解答2

第2部

問題(7)　A：Was machen Sie in Ihrer Freizeit, Herr Bauer？

　　　　B：Ich fahre sehr gern Rad.

　　　　A：Wie oft fahren Sie Rad？

　　　　B：Zwei- oder dreimal in der Woche.

　質問文：Was macht Herr Bauer in seiner Freizeit？

　　　　　　　　　　　　　　　　　　　　　　　　　　　　解答3

問題(8)　A：Wollen wir heute Nachmittag Tennis spielen？

　　　　B：Tut mir leid, mein Schläger ist kaputt gegangen.

　　　　A：Schade. Dann gehen wir schwimmen.

　　　　B：Ja, gern.

　質問文：Was machen die beiden heute Nachmittag？

　　　　　　　　　　　　　　　　　　　　　　　　　　　　解答2

問題(9)　A：In was für einer Gegend wohnen Sie, Herr Müller？

　　　　B：Ich wohne auf dem Lande.

　　　　A：Gibt es denn Geschäfte dort？

　　　　B：Ja, es gibt einige kleine Geschäfte. Ich wohne gerne da.

　質問文：In was für einer Gegend wohnt Herr Müller？

　　　　　　　　　　　　　　　　　　　　　　　　　　　　解答1

第3部　（［　］内が解答）

Herr Yamada hat sich erkältet. Deshalb geht er ins Krankenhaus. Er meldet sich in der Aufnahme. Im Wartezimmer warten schon drei Patienten. Herr Yamada ist bald an der Reihe. Er berichtet dem Arzt über seine Beschwerden, dazwischen stellt der Arzt Fragen. Dann misst die Schwester die Temperatur. Herr Yamada hat 39 Grad Fieber. Der Arzt untersucht ihn sehr genau, besonders das Herz und die Lunge. Dann schreibt er ein Rezept, wünscht Herrn Yamada gute Besserung und verabschiedet sich von ihm. Auf dem Weg nach Hause geht Herr Yamada noch in die Apotheke und bekommt das Medikament.

（訳：山田氏は風邪をひきました．そのため病院へ行きます．受付で申し込みをします．待合室にはすでに3人の患者が待っています．やがて山田氏の番になります．彼は医者に症状を伝え，その間医者は質問をします．それから看護師が熱を計ります．山田氏は39度の熱があります．医者は彼をとても丹念に，特に心臓と肺の具合を診察します．それから処方箋を書いて，山田氏にお大事にと言い，彼に別れを告げます．帰宅途中，山田氏はなお薬局へ行って薬をもらいます．）

問題(10)： Herr Yamada hat sich erkältet. Wohin geht er？
　　　　 － Er geht ins ［Krankenhaus］.

問題(11)： Hat Herr Yamada Fieber？
　　　　 － Ja, er hat ［39］ Grad Fieber.

問題(12)： Was untersucht der Arzt besonders genau？
　　　　 － Das ［Herz］ und die Lunge.

問題(13)： Was schreibt der Arzt Herrn Yamada？
　　　　 － Er schreibt ihm ein ［Rezept］.

問題(14)： Was bekommt Herr Yamada in der Apotheke？
　　　　 － Er bekommt das ［Medikament］.

152ページ　**例題2**

第1部

問題(1)： （友達同士の会話）

　　1　Hast du am Samstagabend schon etwas vor？
　　　　土曜日の晩はもう何か予定ある？
　　　　－Ja, gern.

　　2　Hast du am Samstagabend schon etwas vor？

—Ja, gut.

3   Hast du am Samstagabend schon etwas vor ?
　　—Nein, danke.

4   Hast du am Samstagabend schon etwas vor ?
　　—Nein, nichts.　　　　　　　　　　　　　　　　解答 4

問題(2)：　（友達同士の会話）

1   Du siehst ganz blass aus. Was fehlt dir denn ?
　　君は真っ青だよ．いったいどうしたの？
　　—Mir fehlt das Geld für die Reise.

2   Du siehst ganz blass aus. Was fehlt dir denn ?
　　—Ich habe Kopfschmerzen.

3   Du siehst ganz blass aus. Was fehlt dir denn ?
　　—Das sieht wie Gold aus.

4   Du siehst ganz blass aus. Was fehlt dir denn ?
　　—Sehen wir uns bald wieder !　　　　　　　　解答 2

問題(3)：　（路上で）

1   Könnten Sie mir bitte zeigen, wo der Bahnhof ist ?
　　すみませんが駅はどこか教えていただけませんか？
　　—Gehen Sie schnell zum Bahnhof !

2   Könnten Sie mir bitte zeigen, wo der Bahnhof ist ?
　　—Gehen Sie immer geradeaus !

3   Könnten Sie mir bitte zeigen, wo der Bahnhof ist ?
　　—Kommen Sie gut nach Hause !

4   Könnten Sie mir bitte zeigen, wo der Bahnhof ist ?
　　—Kommen Sie morgen zu mir !　　　　　　　　解答 2

問題(4)：　（旅行案内所で）

1   Wie komme ich am besten zum Hotel ?
　　ホテルへはどのように行くのが一番いいのでしょうか？
　　—Es dauert etwa 10 Minuten zu Fuß.

2   Wie komme ich am besten zum Hotel ?
　　—Das Hotel liegt neben der Post.

3   Wie komme ich am besten zum Hotel ?
　　—Fahren Sie mit dem Bus Linie 5 !

4 Wie komme ich am besten zum Hotel?
　—Gehen Sie sofort zum Hotel! 解答 3

問題(5)：　（レストランで）
1 Haben Sie einen Tisch für drei Personen?
　3人の席はありますか？
　—Warten Sie bitte einen Moment!
2 Haben Sie einen Tisch für drei Personen?
　—Wir haben noch ein Einzelzimmer frei.
3 Haben Sie einen Tisch für drei Personen?
　—Guten Appetit!
4 Haben Sie einen Tisch für drei Personen?
　—Die Speisekarte bitte! 解答 1

問題(6)：　（パーティーの席上で）
1 Verzeihung, woher kommen Sie?　Aus Korea?
　すみませんが，どちらのご出身ですか？　韓国の方ですか？
　—Ja, ich möchte nach Korea fahren.
2 Verzeihung, woher kommen Sie?　Aus Korea?
　—Ja, Korea liegt in Asien.
3 Verzeihung, woher kommen Sie?　Aus Korea?
　—Nein, ich komme aus China.
4 Verzeihung, woher kommen Sie?　Aus Korea?
　—Nein, ich möchte nach China fahren. 解答 3

第 2 部

問題(7)　A：Um wie viel Uhr beginnt die Vorlesung von Professor Schmidt?
　　　　B：Um halb zehn.
　　　　A：Dann müssen wir uns beeilen.
　　質問文：Wann beginnt die Vorlesung von Professor Schmidt?
解答 2

問題(8)　A：Was machst du, Peter?
　　　　B：Ich lerne jetzt Spanisch, denn ich brauche es für meinen Beruf.
　　　　A：Macht es dir Spaß?
　　　　B：Sehr! Ich interessiere mich für Sprachen.

質問文：Was lernt Peter jetzt?

解答 1

問題(9)　A：Haben Sie eigentlich Geschwister, Herr Morita?

　　　　B：Ja, ich habe drei Geschwister, zwei Brüder und eine Schwester.

　　　　A：Verstehen Sie sich gut?

　　　　B：Jetzt schon, aber früher haben wir uns oft gestritten.

　　質問文：Hat Herr Morita Geschwister?

解答 2

第 3 部([　]内が解答)

Am 3. Oktober 1990 wurde die neue Bundesrepublik Deutschland gegründet. Berlin ist jetzt die Hauptstadt des vereinigten Deutschlands. Die Stadt Berlin liegt an der Spree und hat ungefähr 3,5 Millionen Einwohner. Am Alexanderplatz steht der Fernsehturm, der ein Symbol von Berlin ist. In 207m Höhe des Turmes gibt es auch ein Café. Von oben kann man die Stadt gut sehen, wenn das Wetter schön ist. Das macht viel Spaß. Die bekannte Straße „Unter den Linden" liegt ganz in der Nähe. Sie führt vorbei am Berliner Dom bis zum Brandenburger Tor.

(訳：1990年10月 3 日に新しいドイツ連邦共和国が成立した．現在ベルリンは統一
　　ドイツの首都である．ベルリン市はシュプレー川沿いにあり，約350万人の人
　　口だ．アレキサンダー広場には，ベルリンのシンボルの一つであるテレビ塔が
　　ある．塔の207メートルの高いところには喫茶店もある．天気がよければ，上
　　から町をよく眺めることができる．これは大きな楽しみだ．有名な通り「ウン
　　ター・デン・リンデン」はすぐ近くにある．この通りはベルリン大聖堂のそば
　　を過ぎ，ブランデンブルク門まで通じている．)

問題(10)：Wann wurde die neue Bundesrepublik Deutschland gegründet?

　　　　—Im Jahre [1990].

問題(11)：Wie viele Einwohner hat Berlin?

　　　　—Ungefähr [3,5] Millionen.

問題(12)：Was gibt es in 207m Höhe des Fernsehturmes?

　　　　—Dort oben gibt es ein [Café].

問題(13)：Was kann man von oben sehen, wenn das Wetter schön ist?

　　　　—Die [Stadt] Berlin kann man gut sehen.

問題(14)：Zu welchem Tor führt die Straße „Unter den Linden"?

—Sie führt bis zum [Brandenburger] Tor.

編著者略歴

恒吉良隆（つねよし よしたか）
1938年生．1963年九州大学大学院修士課程修了．
ドイツ語・ドイツ文学専攻．福岡女子大学名誉教授．
主要著書：『ニーチェの妹エリーザベト——その実像』（同学社）
　　　　　『アポロン独和辞典』（共編，同学社）
主要訳書：M・リーデル『ニーチェ思想の歪曲——受容をめぐる
　　　　　100年のドラマ』（共訳，白水社）

独検対策4級・3級問題集［五訂版］

2023年8月5日　印刷
2023年9月1日　発行

著　者 © 恒　吉　良　隆
発行者　　岩　堀　雅　己
印刷所　　クリエイティブ弥那

発行所　101-0052 東京都千代田区神田小川町3の24
　　　　電話 03-3291-7811（営業部），7821（編集部）　株式会社　白水社
　　　　www.hakusuisha.co.jp
　　　　乱丁・落丁本は、送料小社負担にてお取り替えいたします。

振替 00190-5-33228　　Printed in Japan　　誠製本株式会社

ISBN978-4-560-08985-9

大好評！
白水社のドイツ語参考書

スタート！ドイツ語 A1
（CD付）

岡村りら, 矢羽々崇, 山本淳, 渡部重美, アンゲリカ・ヴェルナー／著

自己紹介ができる．買い物や仕事，身近なことについて簡単な会話ができる．全世界共通の語学力評価基準にのっとったドイツ語入門書．

【2色刷】A5判　181頁

スタート！ドイツ語 A2

岡村りら, 矢羽々崇, 山本淳, 渡部重美, アンゲリカ・ヴェルナー／著

短い簡単な表現で身近なことを伝えられる．話す・書く・聞く・読む・文法の全技能対応．全世界共通の新基準．音声無料ダウンロード．

【2色刷】A5判　190頁

スタート！ドイツ語 B1

岡村りら, 矢羽々崇, 山本淳, 渡部重美, アンゲリカ・ヴェルナー／著

身近なテーマや自分の興味について簡潔な表現で伝えたい．話す・書く・聞く・読む・文法力を鍛える．中級へ．音声無料ダウンロード．

【2色刷】A5判　142頁